Dorothee Döring

Glückliche Patchworkkinder – zu Hause in mehreren Familien

Dorothee Döring

Glückliche Patchworkkinder – zu Hause in mehreren Familien

Kreuz

Bibliografische Information der Deutschen Bibliothek
Die Deutsche Bibliothek verzeichnet diese Publikation in der
Deutschen Nationalbibliografie; detaillierte bibliografische Daten
sind im Internet über http://dnb.ddb.de abrufbar.

© 2009 Verlag Kreuz GmbH
Postfach 80 06 69, 70506 Stuttgart

www.kreuzverlag.de

Umschlaggestaltung: [rincón]² medien GmbH, Köln
Umschlagbild: © Dawn Hudson / shutterstock.com
Satz: de·te·pe, Aalen
Druck: freiburger graphische betriebe, Freiburg

ISBN 978-3-7831-3362-2

Inhalt

Vorwort

1. Was ist eine Patchworkfamilie? 9

Die Vielfalt von Patchwork-Familiensystemen 16
Entstehungsgründe und Entstehungsphasen von
Patchworkfamilien 20

2. Wie nehmen Kinder das Patchwork-
Familiensystem wahr? 25

Die innerfamiliäre Wahrnehmung der Kinder 26
Die zwischenfamiliäre Wahrnehmung der Kinder 37

3. Der Alltag in einer Patchworkfamilie 45

Die Ablehnung der Veränderungen durch die Kinder 46
Die unterschiedlichen Gewohnheiten der Kinder 47
Die wechselnde Präsenz der Kinder in der Familie 49

4. Die Erziehung von Patchworkkindern 55

Voraussetzungen für eine optimale Erziehung 56
Die Suche nach einem Erziehungskonzept 65
Improvisation statt Perfektion 73
Konfliktlösungsverhalten, Auseinandersetzung
und Streitkultur 77
Rituale erleichtern das Zusammenleben 90
Hilfen und Unterstützung für erziehende Eltern 95

5. Besondere Herausforderungen für Patchworkfamilien 105

Urlaub mit der Patchworkfamilie 105
Weihnachten in der Patchworkfamilie 109
Familienfeiern 117

6. Das Geheimnis glücklicher Patchworkfamilien 127

Glückliche Patchworkkinder berichten 127
Zehn Regeln für eine glückliche Patchworkfamilie 130

7. Die Bedeutung einer »glücklichen Kindheit« für das spätere Leben 137

Anhang 149
Quellen und Anmerkungen 149
Weiterführende Literatur 151
Adressen 152

Vorwort

Alle Eltern wünschen sich, dass ihre Kinder glücklich sind, und versuchen alles dafür zu tun. Das gilt natürlich auch für Eltern einer Patchworkfamilie.

Patchworkfamilien enstehen, wenn nach dem Weggang eines Elternteils – sei es durch Scheidung, Trennung oder Tod – eine Verbindung mit einem neuen Partner eingegangen wird. Die Kinder dieser neuen Familienkonstellation, die »Patchworkkinder«, stehen im Mittelpunkt dieses Buches.

Patchworkkinder glücklich zu machen ist eine besondere Herausforderung. Das liegt vor allem an der komplexen Struktur eines Patchwork-Familiensystems, wie Sie es in Kapitel 1 erfahren und erkennen können.

Häufig sträuben sich Kinder in der Gründungsphase gegen eine Patchworkfamilie, denn sie haben sich diese Familienform nicht ausgesucht, müssen sich aber trotzdem mit der neuen Realität arrangieren. So kann es sein, dass die verlassene Mutter in Depression und Trauer ist, aber der Vater verliebt und euphorisch einen Neustart mit einer anderen Partnerin wagt. Diese unterschiedlichen emotionalen Voraussetzungen und die damit verbundenen unterschiedlichen Erwartungen führen besonders im Anfangsstadium einer Patchworkfamilie häufig zu Konflikten.

Wie aus anfänglicher Ablehnung Akzeptanz werden kann, lesen Sie in Kapitel 2: »*Wie nehmen Kinder das Patchwork-Familiensystem wahr?*« Ich schildere, wie Kinder die veränderte Familienkonstellation erfahren und wie sie ihr »anderes Zuhause«, also das bei dem anderen Elternteil, wahrnehmen.

In Kapitel 3 erfahren Sie etwas über den »*Alltag in einer Patchworkfamilie*«. Bis hierin beschreibe ich die Realität, den Ist-Zustand. Anschließend gebe ich in den Kapiteln 4 und 5 anhand zahlreicher Beispiele Betroffener Patchworkeltern Ratschläge für die Erziehung ihrer Kinder.

Jede Patchworkfamilie ist anders, deshalb gibt es keine Patentrezepte und deshalb gebe ich hier ausschließlich lebensnahe, hilfreiche Tipps, die das Leben in der Patchworkfamilie erleichtern können.

Im Kapitel 6 belegen Patchworkkinder mit ihren Berichten, dass es nicht unrealistisch, sondern durchaus möglich ist, als Kind in einer Patchworkfamilie glücklich zu sein.

Im letzten Kapitel gehe ich der Frage nach, ob es dann, wenn es *nicht* gelungen ist, den Kindern eine glückliche Lebensphase zu bieten, für sie noch Hoffnung auf ein glückliches späteres Leben gibt.

Mein Grundtenor lautet: *Ein Neubeginn ist tatsächlich möglich, wenn auch ganz anders, als man sich ihn vielleicht vorgestellt hatte.* Ich selbst weiß aus eigener Erfahrung mit meiner Patchworkfamilie und aus zahlreichen Seminaren, die ich zu diesem Thema anbiete, dass man außergewöhnlichen Situationen am besten mit kreativen Ideen begegnet. Meine Intention, Patchworkeltern praktikable Hilfestellungen anzubieten, die das besondere Familienleben erleichtern können, führte zu diesem Ratgeber. Mögen sich die Wünsche und Hoffnungen, die Sie, liebe Leserin und lieber Leser, für Ihre Patchworkkinder hegen, erfüllen.

Dorothee Döring

1. Was ist eine Patchworkfamilie?

Sie kennen sicherlich die Geschichten von Schneewittchen, Aschenputtel und Hänsel und Gretel. Bereits vor knapp 200 Jahren beschrieben Jakob und Wilhelm Grimm in ihren Kinder- und Hausmärchen das schwierige Miteinander von Stiefmüttern, Halbgeschwistern und Stiefkindern.

Wenn ein Elternteil eine Beziehung mit einem neuen Partner eingeht, nannte man diesen früher Stiefmutter oder Stiefvater, die neue Verbindung »Stieffamilie«. Ein Vater war gezwungen, wenn seine Frau gestorben war – häufigste Ursache war das Kindbettfieber –, erneut zu heiraten, um die Kinder zu versorgen. Die Frauen, die dadurch Stiefmütter wurden, waren ledig und hatten keine eigenen Kinder. Der Ausdruck »Stieffamilie« wird heute immer mehr durch den Begriff »Patchworkfamilie« (von engl. Patchwork = Flickwerk) verdrängt.

Voraussetzung dafür, dass eine Patchworkfamilie entstehen kann, ist, dass die *Erstfamilie*, bestehend aus leiblichem Vater, leiblicher Mutter und ihrem/n Kind/ern auseinandergefallen ist, sei es durch den Tod eines Elternteils oder durch Scheidung bzw. Trennung.

Die nach der Trennung des Paares oder nach dem Tod eines Partners entstehenden Familien werden *Folgefamilien* genannt. In der Mehrzahl der Fälle ist das die Mutter-Kind/er-Familie. Aber auch aus der Sicht und dem Verständnis des getrennt lebenden Vaters existiert die Vater-Kind/er-Familie, wenn »er sich als Vater ernsthaft engagiert und seinem Kind/seinen Kindern ein zweites Zuhause einrichtet«.[1]

Eine besondere Form der Folgefamilie ist die Patchworkfamilie. Sie entsteht, wenn sich ein leiblicher Elternteil mit einem neuen Partner verbindet, der die Rolle eines Stiefvaters oder einer Stiefmutter einnimmt (der Flicken!). Dieser neue Partner kann, muss aber nicht, selbst Kinder mit in die neue Familie bringen.

Die beiden Folgefamilien der Expartner bilden ein *Familiensystem*.

Mit dem Begriff *Familiensystem* soll bewusst gemacht werden, dass alle Mitglieder der Folgefamilien miteinander in Beziehung stehen, voneinander abhängen und sich gegenseitig beeinflussen. Schauen wir uns an einem Beispiel einmal an, wodurch ein Patchwork-Familiensystem entstehen kann:

Richard und Anna lernen sich kennen, verlieben sich und ziehen nach einiger Zeit als »nichteheliche Lebensgemeinschaft« in eine gemeinsame Wohnung.

Als ein Kind unterwegs ist, heiraten sie und gründen eine (herkömmliche) Erstfamilie.

Nach fünf Jahren beginnt die Ehe zu kriseln. Anna und Richard trennen sich und lassen sich scheiden. Das Kind, Jonas, bleibt bei der Mutter, die nun »Alleinerzieherin« geworden ist. Damit ist eine Folgefamilie entstanden in Form einer Mutter-Kind-Familie.

Richard lebt eine Weile allein und zieht dann mit einer anderen Frau, Julia, zusammen, die ebenfalls geschieden ist und ein Kind, Sarah, zu betreuen hat.

Zusammen bilden sie eine Patchworkfamilie, die ich in Bezug auf die Erstfamilie die *Vater-Patchworkfamilie* nenne.

Auch Anna findet nach einiger Zeit wieder einen Partner, Jörg, der etwas älter ist und nach dem Tod seiner Frau allein für zwei heranwachsende Töchter, Claudia und Rebecca, zu sorgen hat. Sie ziehen bald in eine gemeinsame Wohnung und sind jetzt für drei Kinder, Jonas, Claudia und Rebecca, verantwortlich. In Bezug auf die Erstfamilie nenne ich diese Pachtworkfamilie die *Mutter-Patchworkfamilie.*

Das so gebildete *Patchwork-Familiensystem* besteht also aus:

1. Der Mutter-Patchworkfamilie:
Anna, Jörg und den Kindern Jonas, Claudia und Rebecca, sowie

2. der Vater-Patchworkfamilie:
Richard, Julia und deren Kind Sarah.

Welche verwandtschaftlichen Beziehungen bestehen unter den Mitgliedern dieses Familiensystems?

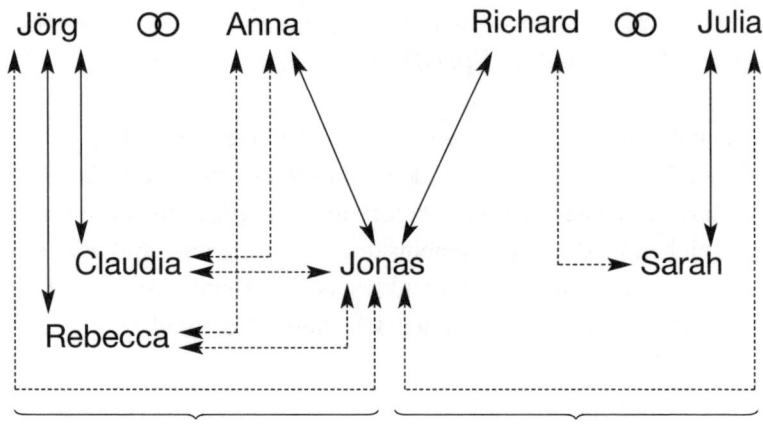

Abb. 1: *Beispiel eines Patchwork-Familiensystems.*

Die durchgezogenen Pfeile bezeichnen die leiblichen Beziehungen, die gestrichelten Pfeile bezeichnen die nichtleiblichen (Stief-)Beziehungen.

Anna ist leibliche Mutter von Jonas und Stiefmutter von Claudia und Rebecca.

Jörg ist leiblicher Vater von Claudia und Rebecca und Stiefvater von Jonas.

Richard ist leiblicher Vater von Jonas und Stiefvater von Sarah.

Julia ist leibliche Mutter von Sarah und Stiefmutter von Jonas.

Die Kinder sind untereinander bis auf Claudia und Rebecca, die (leibliche) Geschwister sind, Stiefgeschwister.

Das Besondere an dieser Familienkonstellation ist, dass über die Kinder alle Personen miteinander verbunden, aber nicht alle miteinander verwandt sind.

Wie zu erkennen ist, sind Patchwork-Familiensysteme äußerst *komplexe* Familienformen, insbesondere, wenn man noch das verwandtschaftliche Netz der Ursprungsfamilien berücksichtigt, die Großeltern, Tanten, Onkel, Cousinen usw.

Während die verwandtschaftlichen Beziehungen in einem Patchwork-Familiensystem feststehen, müssen die funktionalen Beziehungen, die Rollen und Aufgaben der einzelnen Mitglieder, neu geordnet und ausgehandelt werden.

Bei der Positionsbestimmung und Rollenverteilung kommt es entscheidend darauf an, welche Ansichten die Mitglieder der Patchworkfamilie darüber haben, wer *emotional* zum Familiensystem gehört. In Erstfamilien stellt sich diese Frage nicht. Die Mitgliedschaft ist biologisch und gesetzlich festgelegt. Häufig demonstrieren ein gemeinsamer Familienname und ein gemeinsamer Haushalt dies nach außen.

In Patchwork-Familiensystemen ist es oft die leibliche Mutter, die den Expartner und/oder dessen neue und alte Familienmitglieder emotional ausgrenzt. Symbolisch demonstriert sie das zum Beispiel durch die Wiederannahme ihres Geburtsnamens. Patchworkkinder dagegen fühlen sich in der Regel beiden (leiblichen) Eltern verbunden. Wer *emotional* zum Familiensystem gehört, bestimmt letztlich jedes Familienmitglied für sich selbst.

Eine weitere Besonderheit bei der Neuverteilung der Aufgaben im Patchwork-Familiensystem ist der zunächst unklare Umfang der *Rolle des Stiefelternteils.*

Stiefeltern hatten in früheren Zeiten die mütterliche bzw. väterliche Funktion mit allen üblichen, vor allem auch erzieherischen Aufgaben zu übernehmen, um den verstorbenen Elternteil zu ersetzen. In der heutigen Zeit ist die Rolle des Stiefelternteils als Erzieher zurückgedrängt worden.

Seit 1998 sprechen Familienrichter im Rahmen der Ehescheidung das »gemeinsame Sorgerecht« aus.[2] Sie wollen damit bewirken, dass die Eltern auch nach Trennung und Scheidung die Verantwortung für ihre Kinder gemeinsam wahrnehmen.

Arztbesuche, Behördengänge, Vertretungen in der Schule (Elternabend/Elternsprechtage) etc. können für Patchworkkinder nur vom leiblichen Elternteil geregelt werden. Der neue Lebenspartner (Stiefmutter oder Stiefvater) ist gesetzlich nicht befugt, im Sinne des Sorgeberechtigten für das Kind zu handeln, es sei denn, er ist durch eine Vollmacht des sorgeberechtigten Elternteils legitimiert.

Auch dann, wenn der Stiefelternteil an die Stelle eines Verstorbenen tritt, hat er heutzutage auf dem Gebiet der Erziehung faktisch nur unterstützende Funktionen, keine Rechte. Weitere Besonderheiten kennzeichnen das Wesen der Patchworkfamilie:

Die belastete Vergangenheit

Menschen, die den Verlust ihres Lebenspartners wegen Scheidung oder durch Tod hinnehmen mussten, leiden noch lange Zeit unter Trauer, Verletztheit und Enttäuschung. Die Kränkung über das Scheitern der vorangegangenen Paarbeziehung überschattet oft noch nach Jahren neue Beziehungen und beeinträchtigt einen unbefangenen Neuanfang. Wut, Schuld- und Ohnmachtsgefühle flackern immer wieder auf, besonders im Zusammenhang mit den Besuchsregelungen für die Kinder. Das gilt in abgeschwächter Form auch für den Initiator der Scheidung, also für denjenigen, der die Trennung vollzog. Darum sollte die Gründung einer Patchworkfamilie nicht übereilt vorgenommen werden. Es bedarf einer gewissen Zeit der Beruhigung und Ruhe für die Aufarbeitung der Vergangenheit.

Bei den Kindern hält sich oft hartnäckig der Wunsch nach »Wiedervereinigung« der Eltern. Sogar wenn sie schon lange erwachsen sind, wünschen viele Kinder, dass ihre leiblichen Eltern konfliktfrei miteinander umgehen oder sogar wieder zueinander finden, auch dann, wenn es den Kindern in ihren Zweitfamilien mit Stiefvater oder Stiefmutter gut ergangen ist.

Der Wohnsitz

Während alle Mitglieder der klassischen Familie (leiblicher Vater, leibliche Mutter, Kind/er) einen gemeinsamen Wohnsitz haben, herrscht in Patchworkfamilien eher Unbestimmtheit. Die leiblichen Eltern leben an verschiedenen Orten. Daher pendeln die Kinder, abhängig von der Sorgerechtsregelung der Eltern, mal hierhin, mal dorthin.

Wenn die leiblichen Eltern das gemeinsame Sorgerecht wahrnehmen, haben die Kinder nicht nur Besuchskontakte zum getrennt lebenden Elternteil, sondern sie leben auch zeitlich etwa gleichwertig in den Haushalten beider Elternteile. Kinder fühlen sich meist beiden Familien zugehörig. Idealerweise sollten Kinder bei jedem Elternteil einen Raum haben, in dem sie sich »zu Hause« fühlen und sich auch mal zurückziehen können.

Die besonderen Umstände in Patchwork-Familiensystemen haben viele Autoren dazu veranlasst, negative Auswirkungen auf die in ihnen lebenden Kinder zu diagnostizieren. Erst seit den 1990er Jahren wurde die These gewagt, dass der regelmäßige Wechsel von Kindern zwischen den neuen Haushalten ihrer getrennten Eltern unter günstigen Umständen auch *bereichernd* sein könnte. *»Soziale, emotionale und kognitive Kompetenzen der Kinder würden unter günstigen Umständen sogar stärker gefördert als in vielen Erstfamilien.«*[3]

Bei allen Aussagen in diesem Buch über Patchworkkinder sollten Sie immer beachten: Es gibt nicht »das« Patchwork-Familiensystem. Tatsächlich gibt es, wenn man allein die strukturellen Unterschiede berücksichtigt, eine große Vielfalt von Patchwork-Familiensystemen.

Die Vielfalt von Patchwork-Familiensystemen

Schon eine grobe Unterscheidung nach äußeren Merkmalen wie Anzahl, Alter und Geschlecht der Patchworkkinder zeigt eine große Variationsbreite von Familienkonstellationen:
Nach der Anzahl der Kinder, die jeder Elternteil in die Patchworkfamilie einbringt bzw. die aus der neuen Verbindung hervorgehen, können zum Beispiel folgende Kombinationen unterschieden werden, hier dargestellt nur für die Mutter-Patchworkfamilie:

Mutter	Stiefvater
mit	
Einzelkind	keinem Kind
Einzelkind	Einzelkind
Einzelkind	mehreren Kindern
mehreren Kindern	keinem Kind
mehreren Kindern	Einzelkind
mehreren Kindern	mehreren Kindern

mit oder ohne
gemeinsamem Kind/
gemeinsamen Kindern

Mit der Anzahl der Kinder sind wichtige Fragen verbunden, die den Prozess des Zusammenwachsens der Patchworkfamilie betreffen. Wie kommt zum Beispiel ein Einzelkind mit der Tatsache klar, plötzlich Geschwister zu haben? Wie reagieren Patchworkkinder auf ein gemeinsames Kind ihrer Patchworkeltern?
Zudem kann nach dem Alter der Kinder bzw. dem körperlichen und seelischen Reifegrad unterschieden werden: Klein-

kinder (etwa bis 3 Jahre), Kinder (zwischen 3 und 12 Jahren), Kinder in der Phase der Pubertät und Adoleszenz.

Diese Unterscheidung rückt die jeweils altersgemäße Bewusstseinsbildung, die materielle und seelische Abhängigkeit der Kinder von den Eltern und auch die Erziehungsproblematik in den Blick.

Auch die bewusste Berücksichtigung des Geschlechts der Kinder ist wichtig. So macht es beispielsweise einen Unterschied, ob das Einzelkind einer Mutter ein Sohn ist oder eine Tochter. Eine Mutter, die eine Tochter hat, zieht durch die Gleichgeschlechtlichkeit eine Konkurrentin groß, während eine Mutter, die einen Sohn hat, einen Beschützer hat.

Kombiniert man die aufgeführten Merkmale (Anzahl, Geschlecht und Alter der Kinder), wird die Vielfalt möglicher Konstellationen von Patchworkfamilien offenbar. Hier gebe ich nur einige Beispiele im Überblick:

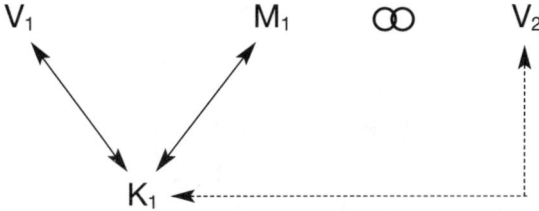

Abb. 2: *Mutter verbindet sich mit einem Mann ohne Kind. Ihr Exmann bleibt allein.*

Die durchgezogenen Pfeile bezeichnen die leiblichen Beziehungen, die gestrichelten Pfeile bezeichnen die Stiefbeziehungen, gepunktete Pfeile bezeichnen Halbgeschwisterbeziehungen.
V = Vater, M = Mutter, K = Kind

17

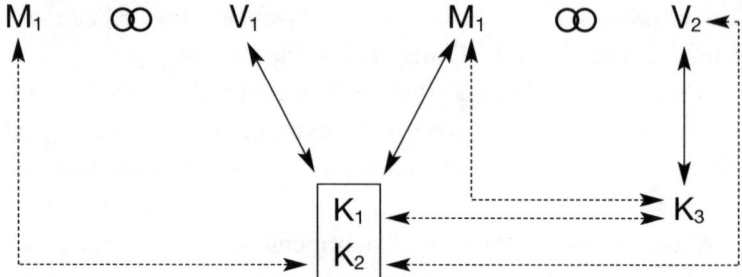

Abb. 3: *Mutter zweier Kinder verbindet sich mit einem Mann, der ein Kind hat, Ihr Exmann verbindet sich mit einer Frau ohne Kind.*

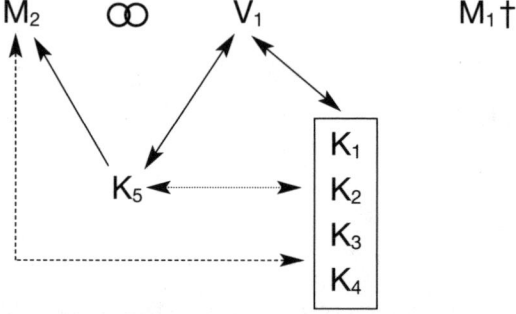

Abb. 4: *Vater von vier Kindern, verwitwet, verbindet sich mit einer Frau und hat mit ihr ein weiteres Kind.*

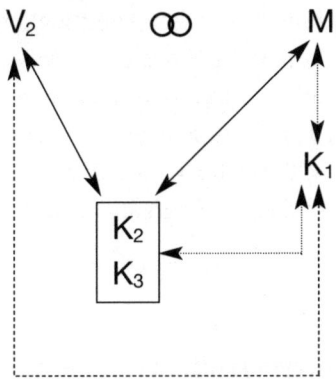

Abb. 5: *Mutter mit einem Kind verbindet sich mit Mann ohne Kinder und hat mit ihm zwei gemeinsame Kinder.*

Zu der Vielfalt von Patchwork-Familiensystemen gehört auch die so genannte *Regenbogenfamilie*. Regenbogenfamilien sind Familien aus Frauenpaaren oder Männerpaaren mit Kindern. Aus der Sicht der Kinder hat die leibliche Mutter nicht einen »Ersatzvater« in die Familie geholt, sondern eine lesbische Frau, bzw. hat der leibliche Vater nicht eine »Ersatzmutter« in die Familie geholt, sondern einen homosexuellen Mann. »*Familie ist, wo Kinder sind*«, heißt es auf zwei Plakaten, die seit Kurzem in Berliner Kitas, Schulen und Beratungsstellen hängen. Auf dem einen ist ein schwules Paar mit Pflegekind zu sehen, auf dem anderen ein Lesbenpaar mit kleinem Sohn. Der Berliner Senat wirbt so für mehr Akzeptanz und die Gleichstellung von Regenbogenfamilien.[4]

»Familie« hat also viele Gesichter. Das hat auch die Politik längst erkannt. Selbst konservative Parteien sperren sich nicht mehr gegen ein Familienbild, das aus dem traditionellen Rahmen fällt.

19

Da aber die Anzahl möglicher Familienkonstellationen sehr groß ist, ist große Vorsicht geboten, allgemeingültige Aussagen über »glückliche Patchworkkinder« zu machen, so wie es selbst in herkömmlichen Familien schwerfallen dürfte, allgemeingültige Rezepte für »glückliche Kinder« zu finden. Deshalb beschränke ich mich in diesem Buch auf typische Fallbeispiele.

Entstehungsgründe und Entstehungsphasen von Patchworkfamilien

Der Trend zu mehreren Lebensgemeinschaften

In der Literatur zu Patchworkfamilien wird behauptet, die Zahl der Patchworkfamilien würde in unserer Zeit ständig steigen. Zahlen werden nicht genannt. Es gibt auch nach meiner Kenntnis hierzu bis heute nur eine Erhebung des Deutschen Jugendinstituts (DJI) in München aus dem Jahr 2000.[5] Mangels empirischer Daten wird die Behauptung, es gäbe immer mehr Patchworkfamilien, mit der steigenden Zahl von Ehescheidungen begründet.[6]

Es ist plausibel, dass mit der Häufigkeit der Scheidungen auch die Zahl der Patchworkfamilien ansteigt, denn die meisten Geschiedenen (zwei Drittel) gehen noch einmal eine Partnerschaft ein.[7] Man kann davon ausgehen, dass mehr als ein Drittel aller Ehen (in Großstädten sogar die Hälfte) früher oder später geschieden werden.[8] Eine hohe Scheidungsrate erhöht die Wahrscheinlichkeit, einen ebenfalls geschiedenen Partner oder eine geschiedene Partnerin für ein neues Zusammenleben zu finden.

Wo aber liegen die Gründe für die hohe Zahl von Scheidungen? Sind wir beziehungsmüde geworden oder gar beziehungsunfähiger als frühere Generationen? Oder werfen Menschen unserer Zeit zu schnell das Handtuch? Liegt es an der Ablösung des Schuldprinzips durch das Zerrüttungsprinzip, das Scheidungen im Gegensatz zu früher wesentlich erleichtert hat, oder an der wirtschaftlichen Unabhängigkeit heutiger Frauen? Auch heute noch ist eines der wichtigsten Ziele von Jugendlichen die Familie. So gaben Jugendliche in der Altersgruppe von 12 bis 25 Jahren auf die Frage, welche Dinge (von 24 Auswahlmöglichkeiten) im Leben ihnen außerordentlich wichtig seien, an:

An erster Stelle gute Freunde haben, die einen anerkennen, an zweiter Stelle einen Partner haben, dem man vertrauen kann, und an dritter Stelle ein gutes Familienleben führen.[9]

Doch obwohl eine große Sehnsucht nach Dauerbeziehungen besteht, beträgt die Scheidungsrate (das Verhältnis von geschlossenen und geschiedenen Ehen innerhalb eines Jahres) in den meisten Großstädten 50 Prozent. Ein Hauptgrund für die Zunahme der Ehescheidungen und Trennungen scheint die wachsende sozial-ökonomische Unabhängigkeit der Frauen von ihren Ehemännern bzw. Lebenspartnern zu sein.

Mit einer Partnerschaft oder Ehe werden jedoch auch in unserer Zeit zunehmend Illusionen verbunden, die letztlich ihr Scheitern begründen. Michael Mary nennt diese in seinem Buch »5 Lügen, die Liebe betreffend« *Liebes- oder Sexlügen*. Ihr Kern bestehe in der *Romantisierung, Sexualisierung und Pathologisierung von Partnerschaft*. Denn die Folgen der Romantisierung und Sexualisierung von Ehe und Partnerschaft zeigten sich in zunehmender Entwertung und Geringschätzung dauerhafter Bindungen. Wenn nur die leidenschaftliche, sexuelle Liebe gelte, dann sei die Langzeitbeziehung vor dem Hintergrund abnehmenden Begehrens nichts mehr wert.[10]

Stimmt aber die Qualität nicht mehr, dann hat auch die Dauer einer Beziehung ihren Wert verloren. Man trennt sich und lebt zunächst mit dem/n Kind/ern mehr oder minder lange in einer Einelternfamilie, die meist eine Mutter-Kind/er-Familie ist. In der Folge kann es zur Integration eines neuen Partners in diese Familie und damit zur Bildung einer Patchworkfamilie kommen.

Was aber bedeutet dieser Trend zu mehreren Lebens- und Familiengemeinschaften für die betroffenen Kinder? Worauf müssen Erwachsene im Umgang mit ihnen achten? Welche Probleme treten auf und welche Rolle spielt dabei der jeweils abwesende Elternteil? Was ist für betroffene Kinder wirklich wichtig, damit sie glücklich aufwachsen können? Ist es in erster Linie die Blutsverwandtschaft, die emotionale Intensität der Beziehungen oder die soziale Zuverlässigkeit des Alltagslebens?

Sicher ist, dass wir uns neuen Entwicklungen stellen und mit ihnen umgehen lernen müssen. Voraussetzung dafür ist die Überwindung zumindest eines Teils der Illusionen, die jeder von uns mit Familie verbindet. Wir sollten uns von überlieferten, mythischen Vorstellungen von der Familie befreien und uns auf die neuen Formen familiären Zusammenlebens möglichst unvoreingenommen einlassen. Vielleicht kommen wir dabei auch zu der Überzeugung, dass für Kinder am Ende zählt, ob sie in einem Umfeld sozialer Zuverlässigkeit leben und ob ihre Bedürfnisse Berücksichtigung finden.

Vom Eingewöhnen bis zum Zusammenwachsen

Früher hieß es: *»Gut Ding will Weile haben.«* Das stimmt immer noch und ist auch anwendbar auf die Eingewöhnung und das Zusammenwachsen aller Familienmitglieder in einem Patchwork-Familiensystem.

Das Leben in der Patchworkfamilie bringt eine Vielfalt von Veränderungen mit sich: neue Beziehungen, neue Bezugspersonen, einen neuen Freundeskreis, möglicherweise eine neue Umgebung (neue Schule, neue Nachbarschaft) – ein neuer Abschnitt des Lebens beginnt.

Alter, Geschlecht, Zahl und Herkunft der Kinder, die bisherigen Familien- und Lebenserfahrungen aller Beteiligten sowie deren Persönlichkeitsmerkmale, Einstellungen und Erwartungen beeinflussen den Start einer Patchworkfamilie.

Darüber hinaus hängt viel davon ab, ob und wie das Kind die Trennung der Eltern oder den Tod eines Elternteils verarbeitet hat.

Die Entstehung eines Patchwork-Familiensystems ist ein lang andauernder Prozess, der mehrere Phasen durchläuft:

Phase 1: Im ersten Stadium haben die Familienmitglieder häufig *unrealistische Erwartungen* und Wünsche an sich und die anderen. Die Erwachsenen haben vielleicht die Vorstellung, dass die neue Familie von Anfang an in perfekter Harmonie funktionieren müsse, zum Beispiel hoffen sie, dass der neue Partner den nunmehr getrennt lebenden oder gestorbenen Elternteil optimal ersetzt. Das Kind oder die Kinder wünschen sich meistens die Versöhnung der leiblichen Eltern und die Wiederherstellung der ursprünglichen Familie.

Phase 2: In der zweiten Phase wird meistens bewusst, dass Fantasien, Wunschbilder, Träume *im Widerspruch zur Wirklichkeit* stehen. Hierzu gehört der gesamte Prozess der Ernüchterung und Desillusionierung, der bei jedem Paar nach der Phase der Verliebtheit eintritt. Insbesondere sieht zum Beispiel eine Mutter erst jetzt, ob und inwieweit der neue Partner sie in ihrer Elternrolle unterstützt. Rivalitäten zwischen den leiblichen und Stiefgeschwistern sind nicht mehr zu übersehen. Der Stiefelternteil wird von dem Kind oder den Kindern abgelehnt. Es gibt Konflikte des leiblichen Elternteils mit dem Stiefelternteil zum Beispiel über den Erziehungsstil oder mit dem Expartner über dessen Wahrnehmung des Sorgerechts.

Phase 3: Realistische Einschätzungen der besonderen Beziehungen und Funktionen aller Familienmitglieder ermöglichen nun den *Entwurf eines Patchwork-Familiensystems* mit klaren Systemgrenzen (wer gehört dazu?), Umgangsregeln und eindeutiger Aufgabenzuordnung.

Phase 4: In der letzten Phase gelingt es, den *Entwurf des Patchwork-Familiensystems umzusetzen.* Je besser das gelingt, umso eher wachsen die beiden Folgefamilien zusammen. Die Kinder fühlen sich in beiden Familien zu Hause und müssen keine Loyalitätskonflikte erleiden. Regeln spielen sich ein, notwendige Freiräume werden geschaffen.

Es ist klar, von dieser letzten Phase hängt es ab, ob das Patchwork-Familiensystem erfolgreich ist oder scheitert, das heißt wieder auseinanderbricht.

Wer diesen mehrere Jahre dauernden Entstehungsprozess eines Patchwork-Familiensystems beschleunigen will und mit einer übersteigerten Erwartungshaltung vorgeht, schafft neue Probleme. Wer vorschnell auf Normalität und Harmonie drängt, überfordert damit nicht nur den Partner und die Kinder, sondern meist auch sich selbst.

Für die Kinder ist es wichtig, dass die Eltern und Stiefeltern ihnen Zeit lassen und tolerant gegen ihre oft ablehnende Haltung sind. Dazu kommt, dass das Kind an Verhalten und Erziehungsrichtlinien des leiblichen Elternteils gewöhnt ist. Es weiß genau, wer was von ihm erwartet, was es bei wem machen darf und was nicht. Plötzlich aber wird zuvor Erlaubtes nicht mehr toleriert oder es dürfen Dinge gemacht werden, die zuvor verboten waren. Die Gewöhnung an die »neuen Regeln« braucht Zeit.

Ein Patentrezept, wie es mit dem Zusammenleben klappt, gibt es nicht, und es ist völlig normal, Fehler zu machen und nicht so zu reagieren, wie man eigentlich sollte. Eine normale Familie wächst schließlich auch nur langsam zusammen. Warum sollte es da bei einer Patchworkfamilie schneller gehen?

2. Wie nehmen Kinder das Patchwork- Familiensystem wahr?

Viele Patchworkeltern überfordern ihre Kinder mit ihrem Harmoniestreben. Weil für sie der Himmel voller Geigen hängt, ist ihre Sehnsucht nach Glück und Harmonie besonders groß. Aber wenn Eltern sich neu verlieben, dürfen sie nicht erwarten, dass ihnen ihre Kinder dazu applaudieren und genauso glücklich sind. Für die Eltern ist es eine selbstbestimmte Entscheidung, ein neues Leben zu beginnen. Die Kinder beider Elternteile müssen sich in die Entscheidung ihrer Eltern fügen. Für sie verändert sich vieles, und das oft auch zum Nachteil.

Die leiblichen Kinder sind, wie in Kapitel 1 ausgeführt wurde, Mitglieder eines Familiensystems, das aus der Mutter-Folgefamilie und der Vater-Folgefamilie besteht. In mindestens einer der Folgefamilien gibt es einen Stiefelternteil, die deshalb Patchworkfamilie genannt wird.

Die Patchworkkinder leben entweder überwiegend in einer dieser Familien oder abwechselnd in der Familie des einen und des anderen leiblichen Elternteils.

25

Es ergeben sich folgende Fragen:

1. Wie nehmen die leiblichen Kinder das Leben in der Folgefamilie der Mutter bzw. des Vaters wahr? Ich nenne dies die »innerfamiliäre« Wahrnehmung.
2. Wie nehmen die leiblichen Kinder die Folgefamilie des Vaters wahr, wenn sie sich bei der Mutter befinden oder umgekehrt: Wie nehmen sie die Folgefamilie der Mutter wahr, wenn sie sich beim Vater aufhalten? Ich nenne dies die »zwischenfamiliäre« Wahrnehmung.

Die innerfamiliäre Wahrnehmung der Kinder

Besonders die erste Zeit einer Patchworkfamilie ist für alle Beteiligten anstrengend. Die Positionen und Rollen, die sich in einer gewachsenen Erstfamilie entwickelt haben und für alle selbstverständlich sind, müssen in einer Patchworkfamilie neu verteilt werden. Das ist ein Veränderungsprozess, der alle betrifft und an den sich alle erst gewöhnen müssen. Vergessen wir nicht: Es sind die Eltern, die sich für einen neuen Partner entscheiden. Die Kinder haben dabei keinerlei Mitspracherecht.

Von ihnen wird aber erwartet, dass sie sich anpassen, und das erzeugt häufig zunächst Widerstand. Wut, Aversionen, Neid und Eifersucht können anfangs das Familienleben erschweren.

In Kenntnis des zunächst zu erwartenden Widerstands der Kinder gegen einen Stiefelternteil, ist auf eine besonders sensible Einführung des neuen Partners in die Familie zu achten. Es wäre eine Missachtung kindlicher Gefühle, Kindern den neuen Elternteil mit den Worten: »Das ist ab jetzt euer neuer Vater/eure neue Mutter!« vorzustellen. Unweigerlich geriete das Kind aufgrund dieser Forderung nach Anerkennung des neuen Elternteils in einen Loyalitätskonflikt gegenüber seinem abwesenden leiblichen Elternteil.

Es ist nötig, dass Kinder Gelegenheit bekommen, den neuen Stiefelternteil zu »beschnuppern« und kennen zu lernen, denn es ist ja verständlich, dass ein Kind, das bereits Verluste und Enttäuschungen erlebt hat, neuen Personen gegenüber vorsichtig ist. Dieser Prozess braucht Zeit, und eine positive Entwicklung kann jedenfalls nicht erzwungen werden.

Entscheidend dafür, wie ein Kind mit dem neuen Partner seiner Mutter oder mit der neuen Partnerin seines Vaters klarkommt, ist, welche Rolle es ihm bzw. ihr in der Familie zubilligt und welches Rollenverständnis das neue Familienmitglied selbst hat.

So kann der Stiefvater die Rolle des »Besuchs- oder Wochenendvaters«, des »väterlichen Freundes« oder eines »Ersatzvaters« übernehmen. Die Stiefmutter möchte vielleicht »Ersatzmutter« sein oder »mütterliche Freundin«.

Die Rolle, die ein Kind dem Stiefelternteil zuschreibt, kann sehr unterschiedlich sein. Es kann in ihm vorwiegend einen guten Freund und Gesprächspartner sehen oder einen Spiel- und Freizeitkameraden. Er kann aber auch für das Kind nur der Partner von Vater/Mutter bei distanzierter eigener Beziehung sein. Diese Frage hängt besonders vom Alter der Patchworkkinder ab. Kinder im Alter von 12 Jahren aufwärts werden dem neuen Elternteil je nach der bereits erfolgten Emanzipation von den Eltern mehr oder weniger distanziert, kritisch begegnen.

Welche Rolle der Stiefelternteil übernimmt, zeigt sich deutlich in seinem Engagement auf dem Gebiet der Erziehung. Kinder kennen den Erziehungsstil ihrer Eltern. Sie wissen genau, was man von ihnen erwartet und wo Grenzen sind. Ein neuer Stiefelternteil kann das bisherige System empfindlich stören, indem plötzlich vorher Erlaubtes von dem Stiefelternteil nicht mehr toleriert wird oder wenn nun Dinge erlaubt werden, die bisher verboten waren. Dies führt zu erheblicher Verunsicherung. Versucht der Stiefelternteil, seinen Erziehungsstil durchzusetzen, ohne Rücksicht auf das bisherige Erleben des Kindes zu nehmen, wird es schwierig. Selbst eine von Beginn an gute Beziehung bedeutet nicht, dass das Kind dem neuen Partner die Rolle des Erziehers zubilligt.

Mehrere Geschwister können auf ein und denselben Stiefelternteil auch unterschiedlich reagieren, wie *Reinhard Sieder* in einem Fallbeispiel schildert:

»Christian, der ältere der beiden Miller-Söhne, schätzt die affektive Wärme von Frau Zadek und respektiert ihre Strenge. Eine *Mutter* ist sie für ihn allerdings *nicht*, denn dafür ist die Erinnerung an seine verstorbene Mutter viel zu präsent ... Er betrachtet Frau Zadek als seine *mütterliche Freundin* ... Ganz anders erlebt der jüngere Florian die neue Ehepartnerin seines Vaters. Sie ist weder Mutter noch eine mütterliche Freundin für ihn, sondern die unrechtmäßige Nachfolgerin und Konkurrentin seiner verstorbenen Mutter. Indem er sich nicht willig in die Folgefamilie einfügt, sondern trotzig opponiert, hofft Florian die Ehe und damit auch die Folgefamilie *zerbrechen* zu können.«[11]

Zur Erklärung: Die Gründe für Florians Widerstand lagen in seiner noch nicht bewältigten Trauerarbeit.

Problematisch wird es immer dann, wenn sich das neue Familienmitglied in dominanter Weise eine bestimmte Rolle aneignet. Es entstehen Konkurrenzsituationen, wenn zum Beispiel der Sohn der Mutter vom Stiefvater verdrängt wird, oder Irritationen, wenn zum Beispiel die Stiefmutter plötzlich etwas verbietet, was früher erlaubt war.

Hatte das Kind Mutter oder Vater nach Trennung oder Scheidung emotional vorwiegend für sich alleine, so muss es die geliebte Person von nun an mit einem Unbekannten, der Stiefmutter oder dem Stiefvater, teilen. Je länger das Kind mit Mutter/Vater alleine zusammengelebt hat, umso größer wird in der Regel der Widerstand des Kindes gegenüber dem Stiefelternteil sein.

Das Kind erlebt den Stiefelternteil dann als Eindringling, der

Gewohntes und Geliebtes infrage stellt. Und gerade das ist für manches Kind schwer zu akzeptieren. Es entstehen Ängste, Vater oder Mutter zu verlieren, und auch Eifersucht auf den neuen Partner.

Oftmals ist es auch so, dass ein Partner seine leiblichen Kinder bevorzugt behandelt. Die Stiefkinder reagieren dann mit Eifersucht auf die Geschwister. Wenn sie sich verdrängt fühlen, machen sie eventuell verstärkt auf sich aufmerksam, indem sie in Regression gehen. Die Folgen können verheerend sein: Bettnässen, Essstörungen, undefinierbare Krankheiten.

Eifersucht auf Geschwister kann sich auch situationsbedingt einstellen, ohne dass der Stiefvater seine leiblichen Kinder bewusst bevorzugt, wie folgendes Beispiel zeigt:

Daniel ist elf Jahre alt. Seine Eltern trennten sich, als er fünf Jahre alt war. Seine Mutter heiratete nach zwei Jahren erneut und bekam zwei Kinder. Für Daniel ergab sich durch den neuen Familiennamen seiner Mutter und der Halbgeschwister ein Identifikationsproblem. Er fühlt sich als Einziger mit einem anderen Namen der Familie nicht zugehörig.

Als Benachteiligung empfindet Daniel es auch, dass seine beiden Halbschwestern ihre leiblichen Eltern ständig um sich haben können, während er seinen beiden Eltern nie zusammen erlebt, sondern zwischen ihnen hin- und herpendeln muss.

Daniel fühlt sich auch zurückgesetzt, weil seine zwei Halbschwestern auf Wunsch ihres leiblichen Vaters getauft wurden und Mittelpunkt eines großen Familienfestes waren. Daniel selbst und seine leiblichen Eltern sind nicht getauft, eine nachträgliche Taufe von Daniel wäre von der Zustimmung seines leiblichen Vaters abhängig gewesen.

Im Bezug auf Stiefgeschwister haben es besonders ehemalige Einzelkinder schwer. Sie standen immer im Mittelpunkt, und nun sollen sie ihre Sonderstellung aufgeben und die Rechte und Rollen der anderen Stiefgeschwister anerkennen. Sie werden in die Geschwisterfolge eingereiht und werden nun durch hinzukommende Stiefgeschwister ältestes Geschwister, »Sandwich-

Kind« oder jüngstes Geschwister mit allen damit verbundenen Privilegien und Belastungen.

Monika, 38: *»Ich hatte nach meiner Trennung mit meinen zwei Söhnen Dennis und Alexander (acht und sechs Jahre alt) eine Weile allein gelebt. Dann lernte ich einen Mann kennen, der mit seiner achtjährigen Tochter Nina ebenfalls allein lebte. Seine Frau war an Krebs gestorben. Da wir uns so gut verstanden und unsere Beziehung sehr harmonisch war, beschlossen wir schon nach einem halben Jahr zusammenzuziehen. Ich zog mit meinen zwei Söhnen in das Haus meines Partners.*

Ab diesem Zeitpunkt gab es zwei Konfliktsituationen: Die drei Kinder mussten sich auf einmal das Haus teilen, in dem Nina vorher als Einzelkind gelebt hatte. Und auf mich machte Nina einen stark verzogenen Eindruck. Ihr Vater konnte ihr wohl keinen Wunsch abschlagen. Natürlich sträubte sich die Prinzessin gegen die Invasion Fremder. Im täglichen Zusammenleben zeigten sich auch bald die üblichen Anpassungsprobleme. Mein Partner und ich hatten keine Zeit, uns als Paar aneinander zu gewöhnen, denn wir fingen gleich mit einer ›kinderreichen Familie‹ an – mit unterschiedlichsten Prägungen der Erstfamilie und kollidierenden Erziehungsstilen. Während meine beiden Söhne ihre Grenzen kannten und auch respektierten, widersetzte sich Nina ständig. Sie meinte, ihr stünden besondere Rechte zu. Sie präsentierte sich als zickiges, verzogenes Einzelkind. Irgendwann lernten meine Söhne von Nina, wie man Eltern manipulieren kann. Ab diesem Zeitpunkt hatten mein Mann und ich es mit drei schwierigen Kindern zu tun.

Mein Mann und ich fühlten uns überfordert, die Probleme allein zu lösen, und deshalb haben wir uns kompetenten Rat geholt. Dann haben wir darüber hinaus eine Selbsthilfegruppe ›Zweitfamilie‹ gegründet und tauschen uns untereinander aus. Wertvoll sind für diejenigen, die gerade in der Aufbauphase einer neuen Familie sind, die Erfahrungen derer, die schon lange darüber hinaus sind und es geschafft haben.«

Im Gespräch mit Monika und ihrem neuen Lebenspartner erfragte ich zunächst, was sie verbindet und was ihnen bis jetzt trotz aller Probleme gut gelungen ist. Das ist deshalb so wichtig, weil Paare es oft gar nicht mehr wahrnehmen, wenn die Probleme über ihnen zusammenschlagen. Das Positive wird ihnen wieder bewusst, wenn ein Außenstehender ihre Leistung anerkennt.

Der nächste Schritt bestand darin, Detailprobleme zu erkennen, zu benennen und praktikable Lösungen zu erarbeiten, durch die die Gesamtsituation entspannt werden sollte.

Ninas Prägung bestand darin, Einzelkind zu sein und als »Prinzessin« über ihr Reich zu herrschen. Für sie war es ungleich schwerer als für die beiden Jungen, sich an die neue Situation zu gewöhnen. Während für Nina zwei fremde Kinder ihr Territorium »besetzten«, waren die Jungen von klein auf eine verschworene Gemeinschaft. Gegen diese krisengetestete Koalition war Nina im Streit unterlegen. Obwohl die Jungen in einer fremden Umgebung waren, hatten sie gegenüber Nina einen klaren Startvorteil, weil sie sich und ihre Reaktionen von klein auf kannten. Sie sind geprägt durch die Erfahrung, Geschwister zu haben.

Um allen Kindern gerecht zu werden und ihnen ein eigenes Reich und Rückzugsmöglichkeiten zu garantieren, bekamen Nina, Dennis und Alexander im Haus klar abgegrenzte eigene Bereiche zugeteilt. Nina behielt ihr bisheriges Kinderzimmer, für Dennis und Alexander wurde im Dachgeschoss jeweils ein Zimmer ausgebaut. Im Keller wurde ein Spielzimmer für alle Kinder eingerichtet. Im Bad bekam jedes Kind seine Ablagefläche zugeteilt und eigene Handtuchhaken. In der Diele wurde der Garderobenschrank so aufgeteilt, dass jedes Kind seinen eigenen Platz hatte. Auch für die Schuhe erhielt jedes Kind seinen Platz, und sogar in der Garage wurde jedem Kind ein Platz für sein Fahrrad zugeteilt. Auch die Plätze am Tisch wurden nach Absprache mit den Kindern festgelegt, um ständiges Gerangel und unnötigen Streit zu vermeiden.

Im Lauf der Gespräche erkannten Monika und ihr Partner, dass sie sich für die Lösung der komplexeren Probleme mehr Zeit nehmen müssen und dass sie ihrer neuen Patchworkfamilie Zeit zur Anpassung und zum Wachsen geben müssen. Eine weitere Veränderung kommt auf ehemalige Einzelkinder zu, wenn ein leiblicher Elternteil mit dem Stiefelternteil noch ein gemeinsames Kind bekommt:

Dennis, 14: *»Ich bin als Einzelkind aufgewachsen. Als meine Eltern sich trennten, war ich sechs Jahre alt. Vier Jahre lebte ich dann mit meiner Mutter allein und fand das gut so. Dann lernte Mama einen Mann kennen, verliebte sich und heiratete. Plötzlich war ich nicht mehr Einzelkind, sondern bekam einen älteren Bruder und eine jüngere Schwester aus der ersten Ehe meines verwitweten Stiefvaters vorgesetzt, die ich am Anfang als Konkurrenten betrachtet habe und zu denen ich ordentlich fies war, um sie wegzuekeln. Alles veränderte sich und plötzlich musste ich teilen und Rücksicht nehmen. Am Anfang fühlte ich mich ganz schön überfordert mit den ganzen Veränderungen. Dann bekamen Mama und mein Stiefvater noch ein Kind, auf das wir aber nicht eifersüchtig waren. Im Gegenteil: Julia war unser aller Sonnenschein und gab uns ein »Wir-Gefühl«. Sie hat als Nesthäkchen dazu beigetragen, dass wir in ihr etwas gefunden haben, das uns alle miteinander verbindet. Heute sind wir alle eine glückliche Patchworkfamilie, von der ich niemanden missen möchte.«*

Auch dieses Beispiel zeigt, dass die neuen Geschwister zunächst nicht willkommen sind, sondern als Konkurrenten betrachtet werden. Interessant ist die Bemerkung von Dennis: *Vier Jahre lebte ich dann mit meiner Mutter allein und fand das gut so.* Hatte der Kleine sich vielleicht schon als Partner und Beschützer seiner Mutter gefühlt? Er spürte offenbar kein Bedürfnis nach einem fremden Mann an ihrer Seite. Es wird wohl einige Zeit gedauert haben, bis Dennis die Verdrängung aus seiner Rolle durch den Stiefvater verschmerzt hatte.

Eine ähnliche Konstellation, aber eine vollkommen andere Reaktion schildert der nächste Fall:

Dominik, 20: »*Ich war zur Zeit der Trennung meiner Eltern sehr klein, ungefähr fünf Jahre alt. Der Kontakt zu meinem Vater riss nach der Scheidung ab. Anfangs holte er mich noch fast jedes Wochenende ab, als er aber dann seine neue Freundin kennen lernte und weit weg zog, wurde unser Kontakt immer seltener. Dies hat mir oft sehr wehgetan, den Schmerz spüre ich heute oft noch. Schlimm war das Alleinsein für meine Mutter. Ich war richtig froh, als sie Gregor kennen lernte. Er hatte ebenfalls zwei Kinder, Andreas und René, die nach der Hochzeit zu uns zogen. Ich fand es richtig toll, nicht mehr allein zu sein und in den beiden gute Freunde gefunden zu haben, mit denen ich viel Quatsch machen konnte. Wie verstanden uns wunderbar und verbündeten uns auch oft gegen die Eltern. Mein Leben und mein Alltag hatten sich seitdem positiv verändert. Für mich war meine neue Familie eine Bereicherung und ich fand das Leben in unserer Patchworkfamilie immer spannend.*«

Das folgende Beispiel schildert die schmerzhaften Gefühle einer Tochter, die erkennen muss, dass es endgültig keine Versöhnung, sondern einen Neuanfang ihrer geschiedenen Eltern mit neuen Partnern geben wird:

Anna, 16: »*Als ich zehn Jahre alt war, ließen sich meine Eltern scheiden. Die Zeit der Trennung und Scheidung war für mich schwierig. Aber die regelmäßigen Besuche bei meinem Vater alle 14 Tage gaben mir irgendwie Sicherheit.*
Nach einem Jahr lernte dann meine Mutter »*den Neuen*« *kennen – meinen Stiefvater. Ich mochte ihn anfangs nicht. Er war immer so übertrieben nett und erwartete, ich müsste ihm um den Hals fallen. Ich befand mich immer noch in der Phase, zu erwarten, dass meine Eltern sich wieder versöhnen würden und alles wieder gut würde. Dieser Wunschtraum wurde durch die Hochzeit*

meiner Mutter endgültig zerstört. Ich reagierte darauf eifersüchtig und wütend. Es kam aber noch schlimmer: Wir zogen in das Haus meines Stiefvaters und lebten dort wieder als ›neue Familie‹. Nach der Hochzeit fühlte ich mich richtig ausgestoßen, ich wollte oft mit meiner Mutter alleine sein – so wie früher, als wir viel unternahmen und ich Mama für mich allein hatte. Irgendwann habe ich meine Eifersucht aufgegeben. Als meine kleine Schwester geboren wurde, war ich richtig glücklich, obwohl sie nun der Mittelpunkt der Familie war, um den sich alles drehte. Und obwohl meine Mutter nun noch weniger Zeit für mich hatte, hat meine kleine Schwester sehr viel Positives bewirkt. Meine Eltern haben mir immer das Gefühl gegeben, gleichwertig wichtig zu sein, sodass Eifersucht keine Chance hatte. Sie haben mit mir viel unternommen, das war echt lustig. Manchmal war ich auch bei meinen Großeltern. Omas und Opas habe ich nun mehr als genug, Omas nämlich drei! Die Eltern von meinem Stiefvater sind echt cool. Sie haben einen Bauernhof, ich war total gern dort. Durch den Umzug ist auch mein Freundeskreis gewachsen. Dass sich mein Stiefvater und mein leiblicher Vater gut verstehen, darüber bin ich sehr froh. Ich hatte schon die Angst, dass ich durch die Zuneigung zu meinem neuen Papa meinen Vater verraten würde. Aber mein Vater empfindet meinen Stiefvater nicht als Konkurrenz, sondern ist froh darüber, dass er nett zu mir ist. Irgendwie läuft inzwischen alles automatisch, obwohl es seine Zeit brauchte. Ganz unkompliziert gehen beide Väter miteinander um und springen füreinander auch außerhalb der ausgemachten Zeiten ein. Ich empfinde es als Privileg, zwei Väter zu haben und von ihnen geliebt zu werden, und freue mich über die Buntheit meiner Familie.«

In diesem Beispiel zeigt der Satz *»Er war immer so übertrieben nett und erwartete, ich müsste ihm um den Hals fallen«* die ganze Antipathie, die die Tochter zunächst gegenüber dem »Neuen« empfindet.

Kinder in Patchworkfamilien leiden häufig an der »Illusion der Wiedervereinigung« ihrer leiblichen Eltern, wofür sie viel

Energie aufwenden. Zudem leiden sie oft unter Schuldgefühlen, Anlass für die Trennung ihrer leiblichen Eltern zu sein. Verständlich ist dann die große Enttäuschung, wenn die Trennung durch eine neue Heirat zementiert wird. Anna ist »*wütend und eifersüchtig*«, fühlt sich »*ausgestoßen*«. Sie ist auch nicht gefragt worden, ob sie in das Haus des Stiefvaters ziehen wollte, es wird einfach über sie bestimmt. Es kommt nicht darauf an, ob dieses Haus schön und groß ist. Ihre ganze Wut darüber, ihre gewohnte Umgebung verlassen zu müssen, drückt sich in ihren Worten aus: »*Es kam aber noch schlimmer: Wir zogen in das Haus meines Stiefvaters und lebten dort wieder als ›neue Familie‹*«.

Das Beispiel zeigt aber auch, dass sich Anna trotz der schmerzhaften Anfangsphase – nicht zuletzt dank eines klugen und liebevollen Verhaltens aller Mitglieder des Patchwork-Familiensystems – inzwischen in diesem sehr wohl fühlt.

Alle Familienmitglieder müssen die Notwendigkeit der Anpassung aller an das neue Familiensystem erkennen. Dabei geht es nicht darum, seine Wurzeln zu verleugnen, sondern die neue Realität anzuerkennen und Bereitschaft zur kreativen Veränderung zu zeigen.

Die Anforderungen an die Anpassung steigen mit dem Grad der Prägung der Kinder durch die Erstfamilien. Besonders auffällige Prägungen zeigen Kinder, die überbehütet und verwöhnt wurden, die in symbiotischer Beziehung zum Elternteil lebten oder ein Übermaß an Pflichten tragen mussten. Je auffälliger aber die Prägungen sind, umso größere Unterschiede ergeben sich zu den neu hinzukommenden Familienmitgliedern:

1. Viele Eltern, die zusammen mit einem neuen Lebenspartner eine Patchworkfamilie gründen, waren oft über Jahre alleinstehende Eltern. Manche Alleinerziehende konzentrierten sich voll auf ihre Kinder, machten sie zu ihrem einzigen Lebensinhalt und kümmerten sich – soweit es der Beruf zuließ – intensiv um sie. Oft wollten sie die Kinder auf diese Weise dafür entschädigen, was sie vor der Trennung, während des Schei-

dungsprozesses oder nach dem Tod des anderen Elternteils an Leid erfahren hatten. Das führte häufig auch dazu, dass sie ihren Kindern kaum Grenzen setzten.

2. Andere verwickelten ihre Kinder in sehr enge Beziehungen, machten sie zu ihren alleinigen Vertrauten bzw. zu Ersatzpartnern. Sie belasteten ihre Kinder mit intimen Details aus der früheren Partnerschaft, mit ihren Ängsten, wodurch Individuation und Ablösung der Kinder erschwert wurde.

3. In manchen Einelternfamilien existierte häufig eine partnerschaftliche Beziehung zwischen Elternteil und Kindern: Die Kinder waren fast gleichberechtigt und konnten viel mitbestimmen, mussten aber auch mehr Verantwortung im Haushalt, für die eigenen Schulleistungen (Hausaufgaben), für jüngere Geschwister oder die Freizeitgestaltung übernehmen. Im Einzelfall konnte das zu einer Überforderung des Kindes führen.

Zusammenfassend ist festzustellen, je unterschiedlicher die Prägung der Kinder aus ihren Erstfamilien ist, umso anstrengender ist der Anpassungsprozess in der neuen Patchworkfamilie. Gelingt es schließlich dem Kind/den Kindern und Stiefeltern durch gegenseitige Akzeptanz und langsame Annäherung im Laufe der Zeit eine gefühlsmäßige Verbundenheit, eine gute Beziehung sowie Vertrauen zu entwickeln, so ist für das Kind/die Kinder der Weg offen, den Stiefelternteil als weitere Elternperson anzusehen und auch dessen Entscheidungen zu akzeptieren.

Die zwischenfamiliäre Wahrnehmung der Kinder

Bei der »zwischenfamiliären« Wahrnehmung geht es um die Frage, wie die leiblichen Kinder die Folgefamilie des Vaters wahrnehmen, wenn sie sich bei der Mutter befinden oder umgekehrt: Wie nehmen sie die Folgefamilie der Mutter wahr, wenn sie sich beim Vater aufhalten?

Kinder leiden zumindest anfangs unter der Abwesenheit eines leiblichen Elternteils und darunter, dass ein fremder Mensch diese Lücke mit von Kindern unerwünschter Dauerpräsenz füllt. Zu einer Akzeptanz des Patchwork-Familiensystems durch die Kinder kommt es erst dann, wenn sie die Chancen spüren oder erkennen, wie sie die Sehnsucht nach dem getrennt lebenden Elternteil befriedigen können.

Im günstigsten Fall entwickelt sich an den zwei Standorten der Patchworkfamlie jeweils ein *Zuhause,* in dem das Kind zeitweise und abwechselnd lebt. Für das Kind ist es ein Wohlfühlfaktor, wenn es auch beim jeweils anderen leiblichen Elternteil einen eigenen Platz hat, vielleicht sogar ein eigenes Zimmer, Spielsachen oder einen eigenen Schreibtisch. Unter diesen Voraussetzungen findet das Kind verschiedene Erwachsene vor, die möglicherweise Verständnis und Zeit investieren. Das Kind kann sich von mehreren Personen jeweils das holen, was diese an Besonderheiten zu bieten haben. So kann beispielsweise die neue Partnerin des nicht sorgeberechtigten Vaters die am besten informierte Gesprächspartnerin über die derzeit aktuellste Musikgruppe sein, der leibliche Vater der Kompetenteste im Bereich Computer, der nichtleibliche Vater am besten in der Lage, bei Reparaturen zu helfen und Kindern Wichtiges zu vermitteln, und die Mutter die aufmerksamste Zuhörerin, wenn es darum geht, den Schulfrust loszuwerden. Ein derart harmonisches Familiensystem kann aber nur dann entwickelt werden, wenn die Expartner und ihre Angehörigen miteinander gut und freundschaftlich umgehen.

Zu einer großen Belastung wird es für ein Patchworkkind dagegen, wenn die Folgefamilien des leiblichen Vaters und der leiblichen Mutter verfeindet sind. Dem tragen auch Familienrichter Rechnung: Sind Eltern bereits im Rahmen des Scheidungsverfahrens hoffnungslos zerstritten und ist keine faire Kommunikation möglich, dann wird das Sorgerecht im Sinne des »Kindeswohls« einem Elternteil übertragen und der andere bekommt ein Besuchsrecht eingeräumt.

Im Fall verfeindeter Eltern sind die Kinder die Hauptleidtragenden: Die Sehnsucht des Kindes nach dem abwesenden Elternteil wird häufig unterdrückt, seine Persönlichkeit wird durch negative Äußerungen herabgewürdigt. Die Verfeindung der Folgefamilien kann so weit gehen, dass das Kind als Spion in der jeweils anderen Familie missbraucht wird und es ihm übel genommen wird, wenn es darüber erzählt, dass es sich in der anderen Familie wohlgefühlt hat, etwas Interessantes erlebt hat, dass es etwas Gutes zu Essen gegeben hat usw. Das Kind wird auf diese Weise dahin gebracht, ausweichend zu antworten, zu lügen oder zu schweigen.[12]

Das Verhältnis zu Stiefelternteil und Stiefgeschwistern in der Parallelfamilie

Unter »Parallelfamilie« ist die Folgefamilie zu verstehen, in der das Kind gerade nicht lebt. Betrachten wir noch einmal auf Seite 12 Abb.1 in Kapitel 1:

Nehmen wir an, Jonas lebt überwiegend bei seiner Mutter Anna und kommt mit seinen Stiefgeschwistern Claudia und Rebecca und seinem Stiefvater Jörg gut zurecht. Wenn er aber seinen Vater Richard regelmäßig besucht, könnte es sein, dass er Ablehnung durch Julia, die neue Partnerin seines Vaters, zu spüren bekommt. Vielleicht liegt der Grund darin, dass Julia einen Schlussstrich unter die Vergangenheit seines Vaters ziehen möchte. Diese Ablehnung trifft Jonas unmittelbar in seinem Innersten, weil er ja ein Teil dieser Vergangenheit ist. Welche Auswirkungen das auf sein Verhältnis zu seinem Vater hat, bleibt offen.

Das folgende Beispiel handelt von Carolin (6), die überwiegend bei ihrer Mutter lebt, ihren Vater besucht und zum ersten Mal dessen neue Familie kennen lernt:
Beim ersten Besuch in der neuen Familie ihres Vaters war Carolin noch schüchtern, unsicher und misstrauisch. Sie suchte ständig die vertraute Nähe ihres Vaters und reagierte fremdelnd auf die neue Frau an der Seite ihres Vaters und auf das Mädchen, das in ihrem früheren Kinderzimmer mit ihrem Puppenhaus spielte. Ein fremdes Mädchen hatte von ihrem Kinderzimmer und ihrem früheren Zuhause Besitz ergriffen, und eine fremde Frau war nun dort, wo früher ihre Mutter war. Carolins leibliche Mutter hatte sich auf der Straße vor der Haustür von ihr verabschiedet und nun sollte sie also ihren Vater besuchen, mit dem sie bis vor wenigen Wochen noch in diesem Haus gelebt hatte. Wie empfand Carolin diese Situation?

»Ich hatte zuerst überhaupt keine Lust, meinen Vater zu besuchen. Meine neue Stiefschwester fand ich doof und mein Vater hat sich die ganze Zeit mit seiner neuen Frau unterhalten und mich kaum beachtet«, erinnert sich die heute Zwölfjährige an den Beginn ihres Lebens als Teil einer Patchworkfamilie.

Mittlerweile hat sie sich an ihre neue Familie gewöhnt und auch intensiveren Kontakt zu ihrer Stiefschwester gefunden. An den regelmäßigen Besuchswochenenden unternehmen sie viel gemeinsam. Dadurch ist im Lauf der Zeit die anfängliche Antihaltung gegen alles Fremde gewichen und freundschaftliche Verbundenheit entstanden. Auch Carolins leibliche Eltern weichen sich nun nicht mehr aus. Bei Carolins Einschulung am Gymnasium waren ihre leiblichen Eltern und die neue Familie ihres Vaters dabei.
Carolin musste, wie viele andere Kinder, lernen, dass sich durch die Gründung einer Patchworkfamilie das gesamte fami-

liäre Gefüge und eben auch die Positionen der Kinder verändern. Sie war zuvor Einzelkind und hat nun eine Stiefschwester, mit der sie nun die Aufmerksamkeit und Liebe des Vaters teilen muss.

Das Verhältnis zum leiblichen Elternteil in der Parallelfamilie

Die Kinder fühlen sich meist beiden Familien zugehörig. Aber sie geraten auch leicht durch Erwartungen ihrer Eltern in einen Loyalitätskonflikt.

Der Begriff »Loyalität« kommt aus dem Französischen und bedeutet »Treue«. Loyalität bezeichnet eine innere Verbundenheit, und diese zeigt sich darin, die Werte des anderen zu teilen und zu vertreten.

Problematisch wird Loyalität, wenn sie gefordert wird. Wenn ein Kind, das ja durch seine Liebe mit beiden Elternteilen verbunden ist, in deren Streit verwickelt und von ihm Parteinahme für einen Elternteil erwartet wird, gerät ein Kind in einen Loyalitätskonflikt zwischen der leiblichen Mutter und dem leiblichen Vater. Die folgenden Beispiele zeigen, wie einschneidend Kinder diese Konflikte erleben:

Andy, 15: *»Keine ›normale‹ Familie mehr zu haben gehört zwar heute nicht mehr zu den Ausnahmefällen, dennoch führte es bei mir zu dem Gefühl, dass bei uns etwas nicht in Ordnung sei. Ich betrachtete die Trennung von meinem leiblichen Vater und die neue Patchworkfamilie, in die ich durch die Wiederheirat meiner Mutter kam, zunächst als Kränkung, weil mir ja etwas genommen wurde und mir etwas aufgedrückt wurde, was ich mir nicht gewünscht hatte. Durch die Abwesenheit meines Vaters stieg die Abhängigkeit von meiner Mutter, was zu zusätzlichen Konflikten führte. Meine Mutter hatte natürlich mehr Einfluss auf mich, weil ich bei ihr lebte. Den hat sie auch oft ausgenutzt, indem sie* über meinen ›charakterlosen‹ Vater geschimpft hat. Das brachte mich in einen schweren Loyalitätskonflikt, denn zu mir gehört auch mein Vater, und indem meine Mutter ihn vor mir schlecht machte, fühlte ich mich auch schlecht.«

Christina, 15: »Nach der Scheidung meiner Eltern war meine Mutter in desolatem Zustand. Sie tat mir leid und ich solidarisierte mich mit ihr. Ich wusste zwar nicht, woran die Ehe meiner Eltern gescheitert war, ich spürte aber, dass meine Mutter von mir erwartete, dass ich zu ihr hielt. Mein Vater hatte bald wieder eine Neue. Wenn ich ihn besuchte, versuchte er ständig, mich über meine Mutter auszufragen. Das war mir natürlich unangenehm, weil ich mich als Spionin benutzt fühlte.«

Für Patchworkkinder ergeben sich große Konflikte, wenn sie ihren verlassenen, vielleicht allein lebenden, trauernden Elternteil besuchen. Sie empfinden Mitleid mit ihm, dürfen das aber nicht offen zeigen, weil sie dann durch Trösten oder Parteinahme in einen Loyalitätskonflikt zum anderen leiblichen Elternteil geraten. Patchworkkinder können mit trauernden Elternteilen häufig überfordert sein, wie folgendes Beispiel zeigt.

Janis, 15: »Meine Eltern haben sich getrennt, als ich 13 Jahre alt war. Mein Vater hatte meine Mutter verlassen, um mit einer neuen Frau, mit der er bereits zwei Kinder hatte, eine neue Familie zu gründen. Normalerweise wäre ich gern bei meiner Mutter geblieben, weil ich eine besondere Beziehung zu ihr hatte. Da meine Mutter die Trennung aber nicht verkraftete und deshalb mit schweren Depressionen in die Psychiatrie eingeliefert wurde, bekam mein Vater für mich das alleinige Sorgerecht zugesprochen. Ich musste nun in der neuen Familie meines Vaters mit einer fremden Frau und zwei Stiefgeschwistern leben. Das Verhältnis zu meinem Vater war schwierig, denn ich wusste, dass er unsere Familie und meine Mutter auf dem Gewissen hatte. Das machte es mir sehr schwer, mich da einzufügen. Ich setzte allem

Widerstand entgegen und war am liebsten für mich allein. Wenn ich meine Mutter besuchte, machte ich immer auf gut Wetter, um sie aufzumuntern. Wenn sie mich fragte, wie es mir in der anderen Familie denn gehe, befand ich mich in der Zwickmühle. Wenn ich die Wahrheit gesagt hätte, dass ich mich nicht wohlfühle, hätte meine Mutter sich Sorgen gemacht, ohne etwas ändern zu können. Ich wollte meine Mutter schützen und gab häufig allgemeine oder ausweichende Antworten, dass es doch in allen Familien mal so und mal so sei. Weil mich das Leiden meiner Mutter überforderte, besuchte ich sie immer seltener, und mit der Zeit wurde sie mir immer fremder. Eines Tages begriff ich, dass ich irgendwie mit meinem neuen Leben fertig werden musste. Meine Mutter konnte mir dabei nicht helfen.«

Loyalitätskonflikte des Kindes können aber nicht nur in Bezug auf die beiden leiblichen Eltern auftreten, sondern auch als (gefühlte) Loyalitätsverletzung in Bezug auf die Stiefmutter und die leibliche Mutter bzw. den Stiefvater und den leiblichen Vater:

Björn, 17: *»Als meine Eltern sich scheiden ließen, war ich zwölf. Ich entschied mich, bei meinem Vater zu bleiben, weil in der Umgebung auch alle meine Freunde wohnten. Es dauerte nicht lange, da heiratete mein Vater wieder, eine Frau mit zwei Söhnen, und ich fand mich plötzlich in einer Patchworkfamilie wieder. Meine Stiefmutter war eigentlich ganz nett und versuchte, mich mit besonders viel Aufmerksamkeit, Liebe, Freundschaft und Sorgfaltspflicht zu überschütten. Ich fühlte mich dabei aber gar nicht wohl und empfand ihre Aktionen als Konkurrenzverhalten zu meiner richtigen Mutter, die zwar woanders lebte, der ich aber allein das Recht zugestand, mich mütterlich zu umsorgen. Das Verhalten meiner Stiefmutter empfand ich als übergriffig. Ich konnte mir das wegen meiner Mutter nicht gefallen lassen und lehnte es auch total ab.«*

Stiefmütter haben es meist schwerer als Stiefväter, denn die Erwartungen an eine Mutter sind nach wie vor umfassender als an einen Vater. Stiefmütter erleben häufig mehr Druck als Stiefväter, ihre Rolle perfekt zu erfüllen, ihre Kinder zu lieben und ihnen eine »Supermutter« zu sein. Aber die emotionale Bindung der Kinder zu ihrer leiblichen Mutter bleibt häufig sehr eng – das führt dazu, dass Kinder, wenn sie ihre Stiefmutter lieben und akzeptieren, in einen ausgeprägten Loyalitätskonflikt geraten. Daraus ergibt sich folgender Kreislauf:

Das Kind lässt die Stiefmutter spüren, dass es seine »wirkliche« Mutter mehr liebt. Daraufhin bemüht sich die Stiefmutter um so mehr um das Kind. Und dieses reagiert mit Ablehnung. Das enttäuscht die Stiefmutter und vermittelt ihr das Gefühl, keine gute Mutter zu sein, was wiederum dazu führt, dass sie sich noch intensiver um das Kind bemüht.

Kaum ein Stiefelternteil schafft es, die Konkurrenzfalle zu umgehen, zumal viele gar nicht in die Elternrolle hineinwachsen können, sondern sich relativ unvermittelt mit ihr konfrontiert sehen.

Im Ringen um die Gunst der Stiefkinder und den häuslichen Frieden versuchen Stiefeltern mit dem leiblichen Elternteil in Konkurrenz zu treten und diesen zu übertrumpfen. Stiefeltern sollten sich aber trauen, ihre eigene Persönlichkeit den Kindern transparent zu machen. Sie sollten es offen aussprechen, wenn sie unter der Konkurrenzsituation leiden und sich schon gar nicht zum Spielball der Kinder machen.

Die Konkurrenzsituation »Stiefmutter – leibliche Mutter« kann sogar über den Tod der leiblichen Mutter hinaus bestehen, wie das folgende Beispiel zeigt:

Katharina, 18: *»Ich glaube, von mir sagen zu können, dass ich ein fürchterliches Kind war und nichts ausgelassen habe, meiner Stiefmutter die Hölle heiß zu machen. Meine leibliche Mutter ist bei einem Unfall ums Leben gekommen als ich zwölf Jahre alt war. Mein Vater heiratete nach zwei Jahren erneut und ich bekam* *nicht nur eine Stiefmutter, sondern auch noch zwei Stiefschwestern hinzu, die ich total blöd fand.*

Meine Stiefmutter war eigentlich sehr nett, aber weil sie die Position meiner Mutter einnahm und dann auch noch von meiner Umgebung Besitz ergriff, fühlte ich, dass ich meine verstorbene Mutter verteidigen musste. Alles, was diese neue Frau veränderte, schmerzte mich, weil es meine Vergangenheit verwischte. Für meinen Vater hatte etwas Neues angefangen. Er hatte ja auch nur seine Frau verloren. Eine Ehefrau kann vielleicht ersetzbar sein. Ich aber hatte meine Mutter verloren, die mir überall fehlte. Und täglich wurde mir darüber hinaus im Zusammenleben vorgeführt, dass meine Stiefschwestern etwas hatten, das ich verloren hatte. Je mehr meine Stiefmutter versuchte, mich als Freundin zu gewinnen, umso mehr lehnte ich sie ab. Ich konnte ihre Nähe nicht zulassen, weil ich das als Treulosigkeit gegenüber meiner verstorbenen Mutter empfand.

Meine Stiefmutter hat aber in ihrem Bemühen um mich nie nachgelassen und irgendwann, nach Jahren, gab ich meine Antihaltung auf und genoss ihre Wertschätzung.«

Patchworkeltern müssen wissen, dass nach der Trennung der abwesende Elternteil eine große Rolle spielt und eine starke Wirkung auf die Seele des Kindes hat. Es geht dem Kind zum Beispiel nicht gut, wenn über den abwesenden Elternteil schlecht geredet wird. Wegen des Kindes sollten die geschiedenen Eltern wenigstens respektvoll miteinander umgehen und übereinander reden.

Die Lebensweise, das Verhalten und die Auffassungen beider leiblicher Elternteile spielen bei der Orientierungssuche und Identitätsfindung der Kinder stets eine Rolle, auch wenn sie nur einen verhältnismäßig kleinen Teil bei einem Elternteil und den weitaus größeren in der Familie des anderen Elternteils verbringen.

Wenn man dem Kind klarmacht, dass es sich beiden Familien zugehörig fühlen darf, kann man einen Loyalitätskonflikt des Kindes vermeiden und es kann seine Verbindung zu beiden Seiten ohne schlechtes Gewissen ausleben.

3. Der Alltag in einer Patchworkfamilie

Der Alltag von Patchworkfamilien unterscheidet sich deutlich von dem traditioneller Erstfamilien. Leibliche und Stiefkinder, die sich naturgemäß zunächst fremd sind, sitzen nun am gemeinsamen Tisch, müssen sich Bad und Zimmer teilen und nicht zuletzt die Aufmerksamkeit und Liebe der Erwachsenen.

Vielleicht sollte man sich bewusst machen, dass die Bewältigung des Familienalltags in keiner Familie wirklich stressfrei zugeht. Warum sollte das, was in einer gewachsenen, herkömmlichen Familie nicht klappt, in einer Patchworkfamilie funktionieren?

Fest steht, dass der Alltag in einer Patchworkfamilie speziell in der Anfangsphase besonderen Belastungen ausgesetzt ist. Diese hängen auch ab vom Alter, vom Geschlecht und von der Anzahl der Kinder. Nachfolgend stelle ich drei Besonderheiten von Patchworkfamilien dar: die Ablehnung der Veränderungen durch die Kinder, die unterschiedlichen Gewohnheiten der Kinder, die wechselnde Präsenz der Kinder in der Familie.

Die Ablehnung der Veränderungen durch die Kinder

Kinder wollen in der Regel, dass alles so bleibt, wie es ist, dass die Eltern zusammenbleiben und damit die Familie erhalten bleibt. Daraus erklärt sich hauptsächlich ihr Widerstand gegen jede Veränderung. Umso mehr sträuben sich die Kinder gegen Veränderungen, die aus ihrer Sicht für sie im täglichen Leben Nachteile bewirken:

Die Müllers sind eine klassische Patchworkfamilie. Beide Ehepartner brachten Kinder aus erster Ehe mit in die neue Verbindung: Bei Frau Müller waren es drei, bei ihrem Mann eines. Sie leben in einem idyllischen Fachwerkhaus auf dem Land. Das bedeutet aber auch, dass die Kinder wegen der mangelhaften öffentlichen Verkehrsverbindungen häufig chauffiert werden müssen, zur Schule, zum Sport, zu Freunden usw.

Der Sohn von Herrn Müller lebte bis dahin in einer Stadtwohnung. Durch den Wohnortwechsel hat er seine Freunde verloren und seine Mobilität. Er war als Einzelkind bisher nicht zur Mithilfe im Haushalt angeleitet worden, während die drei Kinder von Frau Müller von klein auf Mitverantwortung und kleine Aufgaben hatten. Dass nun von Herrn Müllers Sohn erwartet wird, Aufgaben für die Familie zu übernehmen, erfordert eine Anpassung. Ihm, der als Einzelkind überbehütet und überversorgt wurde, geht auf jeden Fall das Gewohnheitsrecht der »Rundumversorgung« verloren. Darüber hinaus muss er sich nun gegen Stiefgeschwister behaupten, um Dinge, die ihm wichtig sind, kämpfen, sich auseinandersetzen und sich nach einem Streit versöhnen. Bei diesen Kompetenzen sind ihm die Kinder, die Frau Müller mit in die neue Familie eingebracht hat, durch jahrelange Übung weit überlegen. Alle diese Veränderungen sind dem Sohn verständlicherweise zuwider, weshalb er mit Boykott reagiert.

Die unterschiedlichen Gewohnheiten der Kinder

Die Menschen, die durch ein Patchwork-Familiensystem verbunden sind, kommen aus mehreren Ursprungsfamilien und bringen daher unterschiedliche Prägungen und Lebensgewohnheiten mit.

Da es in der Patchworkfamilie zunächst keine für alle Mitglieder verbindlichen Regeln gibt, fällt der Umgang mit der Andersartigkeit anfänglich oft schwer. Das fängt bei den Kleinigkeiten des Alltags an: verschiedene Tischmanieren, Vorlieben beim Essen oder die Esskultur im Allgemeinen, die mehr oder weniger ausgeprägte Ordnungsliebe, der Sinn für Verantwortung.

Der Stress beginnt schon morgens, wenn alle Familienmitglieder unter Zeitdruck stehen und gleichzeitig weg müssen. Wenn es keine festen Regeln gibt, wer wann und wie lange die Gemeinschaftsräume wie Bad und WC benutzen darf, dann versinkt eine solche Familie im Chaos.

Schon das gemeinsame Frühstück kann zur Herausforderung werden, wenn es mit morgendlichem Gezänk um die Sitzordnung beginnt. Unverständnis stellt sich auch ein, wenn die Kinder der Mutter beispielsweise gewohnt sind, am Tisch zu frühstücken, die Kinder des Stiefvaters dagegen sich im Vorbeigehen irgendetwas vom Tisch nehmen und auf dem Weg zur Schule frühstücken.

Die Andersartigkeit der Kinder kann sich auch darin ausdrücken, dass die einen ökologisch geprägt wurden und gewohnt sind, morgens Müsli vom Naturkostladen zu essen, während die anderen frische Brötchen mit Marmelade oder Honig bevorzugen. Auch bei den Getränken gibt es unterschiedlichste Gewohnheiten: Die einen Kinder möchten morgens warmen Kakao einer bestimmten Sorte, die anderen trinken Wasser oder Limo.

Wie sich unterschiedliche Gewohnheiten auswirken, zeigt folgendes Beispiel:

Michaela, 36, Patchworkmutter seit zwei Jahren mit einer Tochter (12) und zwei Söhnen vom Partner (12 und 13): »*Unser Patchworkfamilienalltag läuft eigentlich ganz gut bis auf die Mahlzeiten. Ich wünschte mir, dass es möglich wäre, sie konfliktfreier zu gestalten, weil ein gemeinsames Essen auch Kommunikation ist. Leider findet unter den Kindern nur eine Kommunikation in Form gemeinsamen Gemäkels statt. Der eine mag dies, der andere das nicht. Als Mutter finde ich es frustrierend, wenn das Essen, das ich frisch und mit Sorgfalt und Mühe zubereitet habe, so abgewertet und sogar auch mal zum ›letzten Fraß‹ deklariert wird, denn eigentlich wünsche ich mir, dass es allen schmeckt. Zunehmend stören mich auch die Tischmanieren meiner Stiefsöhne, die jeglichen Schliff vermissen lassen. Oft weise ich sie darauf hin: ›Wir liegen nicht zu Tisch, sondern wir sitzen zu Tisch.‹ Aber das bewirkt nur das Gegenteil, sie benehmen sich erst recht provokant bei Tisch. Weil mich das alles so geärgert und genervt hat, habe ich mir eine Erziehungsberaterin zur Hilfe geholt.*«

Unterschiedliche Gewohnheiten der Kinder können sich nicht nur innerhalb *einer* Patchworkfamilie zeigen, sondern auch in der Parallelfamilie:

Benny, 16: »*Ich lebe nach der Scheidung meiner Eltern in der neuen Familie meiner Mutter. Mein Stiefvater brachte einen Sohn mit, sodass wir ein Jungenhaushalt sind. Unter uns Jungs herrscht ein cooler Ton, ›hart aber herzlich‹. Wir haben uns gut aneinander gewöhnt und wissen, wie wir uns zu nehmen haben. Ein Problem ergibt sich für mich immer, wenn ich in die neue Familie meines Vaters komme, weil dort die Atmosphäre für mich so anders ist. Seine Frau brachte zwei Töchter aus ihrer ersten Ehe mit. Die Mädels sind oft nörgelig und zickig und man weiß nicht so recht, was man mit ihnen anfangen soll. Während Jungs sich direkt die Meinung sagen oder auch schon mal balgen, weiß man bei Mädchen nie, woran man ist. Auch mein Vater hat sich dort verändert. Er ist viel vorsichtiger und diplomatischer als früher.*

48

Als er noch mit uns zusammenlebte, hat er immer klare Ansage gemacht.

Auch beim Essen gibt es große Unterschiede zwischen unserem Männerhaushalt und der neuen Familie meines Vaters. Ich habe immer Kohldampf und esse alles auf, was auf den Tisch kommt. Die Mädels meiner Stiefmutter picken im Essen herum und mögen dies und das nicht, weil sich bei ihnen alles um Kalorien dreht. Und dann das vornehme Getue der beiden Mädels, das geht mir total auf den Geist. Für mich ist dieser Frauenhaushalt total gewöhnungsbedürftig.«

Die wechselnde Präsenz der Kinder in der Familie

Nicht alle Kinder des Patchwork-Familiensystems sind immer gleichzeitig zu Hause. Es kann beispielsweise von den Eltern vereinbart werden, dass die Kinder während der Woche drei Tage beim Vater und vier Tage bei der Mutter leben oder dass wochenweise gewechselt wird.

Sonja, 42: *»Die Kinder meines Mannes wohnen drei Tage in der Woche bei uns und vier Tage bei der leiblichen Mutter. Dass sie mehr als ein Zuhause und zwei Familien haben, ist für die Kinder möglicherweise spannend, aber für das Zusammenwachsen in einer neuen Konstellation finde ich das nicht so vorteilhaft. Wenn meine Stiefsöhne von ihrer Mutter kommen, fehlt mir ein Stück Kontinuität, es fehlt das gemeinsame Erleben. Ich habe keine Ahnung, was die Jungen außerhalb unserer Familie erlebt haben. Sie erzählen auch von ihrer Seite aus nur sehr wenig darüber. Und ich weiß dann überhaupt nicht, was jetzt passt, ob ich ihnen beispielsweise noch gemeinsame Aktivitäten zumuten kann oder sie lieber in Ruhe lassen sollte, weil sie überfordert sind.«*

Wie sich das Modell mit zwei Wohnstandorten auf die Kinder auswirkt, zeigt das folgende Beispiel:

Simone, 15: *»Ich bin ein Patchworkkind, ein Zuhause nach dem Schema Vater-Mutter-Kind ist mir fremd. Meine leiblichen Eltern üben das gemeinsame Sorgerecht aus. Nach der Scheidung wurde vereinbart, dass ich vier Tage in der neuen Familie meiner Mutter lebe und drei Tage in der meines Vaters. Für mich bedeutet das, dass ich vier Eltern habe und in zwei Familien zu Hause bin. Etwas schwierig finde ich es für mich immer, wenn ich mich für drei Tage von meiner Mutter verabschiede. Danach muss ich in der Familie meines Vaters erst mal ankommen, und wenn ich mich schließlich eingewöhnt habe, muss ich mich auch hier wieder verabschieden. Ich finde es aber trotzdem gut, dass ich auf diese Weise mit meinen beiden Eltern leben kann, wenn auch nicht gleichzeitig. Ich lerne in zwei Familien vieles kennen, von dem ich mir das Beste aussuchen kann.«*

Ein Leben in zwei Familien führt auch Alexander. Er ist 14 Jahre alt und lebt abwechselnd in zwei Familien und hat zwei Zimmer. Eine Woche wohnt er bei seiner Mutter und deren neuem Mann, die andere Woche lebt er bei seinem Vater und seiner Lebensgefährtin und deren elfjähriger Tochter. Sein Zimmer bei seinem Vater wird in seiner Abwesenheit auch als Gästezimmer genutzt. Wo nun sein »eigentliches« Zuhause ist, kann er schwer sagen.

Alexander macht selbst Musik, er spielt E-Gitarre in der Schulband. Das Instrument ist sein ständiger Begleiter und gehört zu den wenigen Dingen, die er nur einmal besitzt. Viele Dinge dagegen hat er doppelt: den Schreibtisch, Laptop, Schulutensilien, Toilettensachen, Anziehsachen. Oft vergisst er irgendwas, wenn er zu seinem Vater fährt, weil ihm immer die Zeit zum Packen fehlt, weil er lieber mit seinen Freunden spielt, bis er von Vater oder Mutter mit dem Auto abgeholt wird. Dann packt er in aller Eile ein paar Sachen in seinen Rucksack, und los geht's.

Das Zimmer bei seinem Vater hat einen klaren Vorteil im Gegensatz zu dem bei seiner Mutter. Dort steht ein Fernseher und Alexander kann sich alles ansehen, was ihn interessiert. Seine Mutter mag es gar nicht, wenn er zu viel fernsieht. Bei ihr ist alles dosiert und zensiert, und deshalb genießt er die Freiheiten bei seinem Vater. Bei seiner Mutter ist alles etwas strenger, das Essen ist gesünder. Es gibt viel Salat, und alles ist »Bio«. Bei seinem Vater geht es lockerer zu. Aber trotzdem freut er sich, wenn er wieder zu seiner Mutter fährt.

Auch Daniel, 11, ist ein pendelndes Patchworkkind. Daniels leibliche Eltern üben seit ihrer Scheidung das gemeinsame Sorgerecht aus mit der Folge, dass das Kind tageweise pendelt. Drei Tage ist er bei seinem Vater, vier Tage bei seiner Mutter. Da die Wohnorte seiner leiblichen Eltern sehr weit auseinander liegen, musste Daniel schon früh öffentliche Nahverkehrsmittel benutzen, um zwischen seinen verschiedenen Wohnstandorten zu pendeln. Es ist erstaunlich, wie selbstständig und sicher Daniel sich in dem Streckennetz des öffentlichen Nahverkehrs bewegt und wie versiert er mit Straßen- und U-Bahnen umgeht.

Das Pendeln der Kinder zwischen ihren leiblichen Eltern aus der Sicht einer Patchworkmutter:

Lena, 39: *»In unserer Familie geht es zu wie im Taubenschlag. Selten sind wir alle komplett. Die Söhne meines zweiten Mannes, Fabian und Christof, pendeln zwischen ihm und ihrer Mutter. Meine Tochter Paula fährt alle zwei Wochen zu ihrem leiblichen Vater. Wenn alle Kinder »ausgeflogen« sind, können wir uns unserem gemeinsamen Kind Lisa widmen, unsere Partnerschaft pflegen und die Ruhe im Haus genießen. Wenn alle vier Kinder im Hause sind, dröhnt aus dem mittleren Stockwerk des Hauses ein Sound-Gemisch aus HipHop und Heavy Metal. Da helfen auch Entspannungs-CDs nicht mehr.«*

Pendelnde Kinder müssen flexibel sein. Sie müssen lernen, sich an die Gewohnheiten und Stile anzupassen, profitieren aber auch davon: Sie gewinnen enge Beziehungen und soziale Kompetenzen hinzu.

Ein um die andere Woche pendelt Nils, neun Jahre, zwischen seinem Papa und seiner Mama. Immer am Wochenende wird gewechselt. Sein Leben ist aufregender und abwechslungsreicher als das der Kinder, die nur einen Wohnstandort haben. Nils hat »zwei Zuhause« und führt irgendwie ein Doppelleben mit vielen Besonderheiten. Er ist ein »Pendelkind«, das von getrennt lebenden Eltern gemeinsam erzogen wird.

Das Pendeln der Kinder zwischen zwei Haushalten stellt hohe Anforderungen an beide Elternteile, denn es steht hierfür kein Modell zur Verfügung und es müssen viele Dinge abgesprochen werden, und zwar gerade zwischen zwei Menschen, die als Paar gescheitert sind und beschlossen haben, sich voneinander zu trennen.

Am Anfang wechselten sich beispielsweise Timos Eltern alle zwei Tage mit der Betreuung ihres Sohnes ab. Zu viel Unruhe, stellten beide nach einigen Monaten fest. Auch Timo, heute elf Jahre alt, empfand den häufigen Wechsel zwischen seinen Eltern anstrengend. Timo war regelrecht überfordert und wusste gar nicht, wo seine Anziehsachen waren und was er für seine Schultasche brauchte. Irgendwann kamen beide Eltern zu der Erkenntnis, dass ein wöchentlicher Wechsel besser sei. Timo fand das auch besser.

Hin und wieder gibt es zwischen Timos Eltern bei der Übergabe des Sohnes noch heikle Momente. Dann kann sich Timos Mutter schon mal die eine oder andere pampige Bemerkungen über dunkle Augenringe bei ihrem Sohn nicht verkneifen und den Vorwurf, Nils Vater hätte mit seinem Sohn zu viel unternommen und ihn überfordert. Aber inzwischen haben die Eltern gelernt, mehr das Positive zu sehen und zu erkennen, dass es dem Kind beim anderen Elternteil gut geht. Sie akzeptieren innerlich, dass sie keine Konkurrenz sind, sondern dass ihr gemeinsames Kind beide Eltern braucht und dass es sich an beiden Orten wohlfühlt.

Lange Zeit haben Nils' Eltern auf einen direkten Kontakt miteinander verzichtet. Erst jetzt, nach knapp vier Jahren Trennung, enden die unangenehmen Übergabesituationen auf den Treppenstufen manchmal mit einer beiläufigen Einladung. »Willst du noch etwas mitessen«, fragt Nils' Mutter dann den Vater. Seitdem ist das Verhältnis der Eltern deutlich entspannter.

Nils' Eltern befürchteten nach der Trennung einen Riss, deutliche Verhaltensauffälligkeiten, Wut oder andere Gefühlsausbrüche von Nils. Aber ihr Sohn blieb weiterhin ein normales, freundliches, aufgewecktes Kind.

Pendeln ist eine schöne Idee, wenn das – auch finanziell – machbar ist. Das ständige Pendeln über große Distanzen ist nicht nur teuer, sondern auch stressig.

Die RTL-II-Reportage »*Hänschen klein, fliegt allein –*
Deutschlands Pendelkinder« (2008), begleitet Kinder auf der Reise zum getrennt lebenden Vater: Am Wochenende zuckeln viele Kinder mit Mini-Trolley und Plüschtier-Rucksack über Flughäfen und Bahnhöfe. Die kleinen Pendler sind auf dem Weg zu Mama oder Papa, denn nach der Scheidung bleiben Mutter und Vater selten am gleichen Ort. Ein neuer Job, eine neue Liebe, und schon trennen hunderte Kilometer die einst intakte Familie.

Rita Knobel-Ulrich begleitet »Kleine Pendler« wie den sechsjährigen Vielflieger Nikolai, der schon Donnerstag seinen Rucksack packt; am Freitag nach der Schule fliegt er dann von Hamburg aus zu Papa nach Stuttgart. Die Geschwister Till und Max fahren von Berlin zum Papa nach Mannheim. Jennifer, neun Jahre, reist 400 Kilometer zum Papa nach Aachen – alle mindestens einmal im Monat.

Es gibt viele Kinder, die heutzutage »zwei Zuhause« haben. Für die betroffenen Kinder in Deutschland heißt es am Wochenende immer wieder Koffer packen, um zwei Tage entweder bei Mama oder Papa zu verbringen. Man nennt sie »Pendelkinder«, die von getrennt lebenden Eltern gemeinsam erzogen werden. Trennungskinder leben in zwei verschiedenen Welten. Sie fühlen sich häufig hin- und hergerissen zwischen den beiden Menschen, die ihnen am nächsten sind.

Oskar (7) und Paul (10) leben zusammen mit ihrer Mutter und deren neuem Lebensgefährten unter einem Dach. Ihr leiblicher Vater lebt 550 Kilometer weit entfernt. Eigentlich sehen die beiden ihn alle zwei bis drei Wochen. Doch da sie im Urlaub waren, ist der letzte Besuch schon ganze sechs Wochen her. Nun ist es endlich wieder soweit und die Sehnsucht hat ein Ende! Oskar und Paul freuen sich allerdings nicht nur auf ihren Vater, sondern auch auf die Fahrt zu ihm. Ganz ohne Mama dürfen sie mit der Bahn zu Papa fahren. Betreut werden sie währenddessen von einem Begleitservice, der speziell auf Kinder ausgerichtet ist. Hier können sie spielen und Freunde finden, da sie nicht die einzigen Kinder sind, die regelmäßig alleine pendeln. Für Mutter Heide ist die Organisation aber nicht immer einfach. Die Kinder müssen früher aus der Schule raus, um den Zug nicht zu verpassen, und vor der Abfahrt muss eine Menge Papierkram erledigt werden.

4. Die Erziehung von Patchworkkindern

Erziehung ist eine alltägliche und dennoch zentrale Aufgabe. Sie findet dort statt, wo Erwachsene und Kinder zusammenleben, gemeinsam essen, spielen, malen, basteln, wo Eltern bei Hausaufgaben helfen und Vokabeln abhören, Tränen abwischen und trösten, Kinder dazu anhalten, rechtzeitig ins Bett zu gehen, wo Kinder Schreiben, Lesen, Rechnen üben, wo der Fernsehkonsum, die Höhe des Taschengeldes oder Ausgehzeiten miteinander ausgehandelt oder festgesetzt werden. Dieses und vieles mehr ist Erziehungsalltag.

Voraussetzungen für eine optimale Erziehung

Die gute Erziehung der Kinder ist das Zentralthema der Eltern. Bekanntlich lernen wir die Erziehung von Kindern nicht in der Schule. Erziehung haben wir in unserer Ursprungsfamilie erfahren. Und auch wenn wir es bei den eigenen Kindern aufgrund neuer oder auch nur vermeintlich zutreffender Erkenntnisse nun »besser« machen wollen, ertappen wir uns immer wieder dabei, die gelernten Verhaltensmuster wieder aufzunehmen. Erziehung ist ein Prozess des »learning by doing«. Ziel jeder Erziehung kann nur sein, Kinder zu lebenstüchtigen, glücklichen Menschen zu machen. In einem Patchwork-Familiensystem kann dieses Ziel eher erreicht werden, wenn …

- Stabilität der Partnerbeziehungen gegeben ist in der Mutter-Patchworkfamilie und in der Vater-Patchworkfamilie,
- die Beteiligten die klassischen Erziehungsfallen dieser Situation kennen und gegebenenfalls erkennen,
- eine die Erziehungsrollen auf Vater und Mutter sinnvoll aufgeteilt sind,
- die beteiligten Patchworkfamilien freundschaftlich miteinander kommunizieren und kooperieren.

Stabilität der Partnerbeziehungen in der Mutter-Patchworkfamilie und in der Vater-Patchworkfamilie

Im Gegensatz zu Erstfamilien starten Patchworkfamilien gleich mit einem oder mehreren Kindern und sehen sich bereits bei ihrer Gründung mit einem Bündel besonderer täglicher Herausforderungen konfrontiert. Somit fehlt Patchworkeltern oft die Zeit, zunächst ihre Zweisamkeit zu genießen. Eltern müssen achtsam mit sich selbst und ihrer Partnerschaft umgehen, um durch Stabilität in ihrer Paarbeziehung ihren Kindern Sicherheit und Kontinuität zu geben.

Kinder wünschen sich fröhliche, zufriedene Eltern. Eltern können aber nur dann diesem Anspruch genügen, wenn die Rahmenbedingungen für ihre Lebensgrundlage stimmen, wenn sie sich geborgen fühlen in ihrer Ehe oder Partnerschaft und wenn nicht insbesondere die Sorge ums tägliche Überleben ihre Lebensfreude überschattet.

Für Wibke, 38, führte die Überbetonung der Elternrolle zur Belastung der Paarbeziehung und schließlich zum Scheitern ihrer ersten Ehe:

»Hinter den Kulissen waren wir nur noch Mama und Papa, aber kein Paar mehr. Irgendwann hatten wir uns nichts mehr zu sagen

... Zwei Jahre nach meiner Scheidung fand ich per Kontaktanzeige meinen jetzigen Mann, der geschieden war und zwei Kinder hatte, die bei seiner Exfrau leben ...

Was das Familienleben angeht, habe ich aus meinen Erfahrungen gelernt: Um unsere Partnerschaft zu pflegen, schaffen wir uns im Alltag Freiräume. Ein- bis zweimal die Woche bekommen die Kinder abends Brote und wir bringen sie dann ins Bett. Danach kochen mein Mann und ich zusammen, setzten uns gemütlich hin und reden über alles, was gerade ansteht, oder genießen einen Partnerabend, einen Abend, der ausschließlich uns beiden gehört, an dem PC, Fernseher und Telefon tabu sind.«

Das Wohlbefinden der Eltern schafft für Kinder ein gesundes Familienklima. Dieses ist eine Voraussetzung für glückliche Kinder.

Das Erkennen bestimmter Erziehungsfallen

Patchworkeltern tappen gern in selbst ausgelegte Fallen:

Die erste Falle lautet: *»Wir fangen noch einmal von vorn an.«* Die Idee muss scheitern, weil in einer Patchworkfamilie Elternpartner mit unterschiedlichsten Erfahrungen über das Thema »Erziehung« zusammenkommen, also nicht »von vorn« anfangen können. So glaubt z. B. eine Mutter, genau zu wissen, wie sie ihren zwölfjährigen Sohn zu erziehen hat, und lässt sich darin von ihrem neuen Lebenspartner sehr ungern reinreden.

Die zweite Falle besteht in der Vorstellung der Patchworkeltern, *perfekte Eltern* sein zu müssen. Patchworkeltern wollen ihren Kindern in der Zweitfamilie möglichst bessere Eltern sein als in der Erstfamilie. Vielleicht haben sie gegenüber ihren Kindern wegen der gescheiterten Ehe oder Partnerschaft auch ein schlechtes Gewissen. Aber sie sollten sich von der irrealen Vorstellung verabschieden, perfekte Eltern sein zu müssen, um ihren Kindern das Beste zu geben. Das setzt sie nur unnötig unter Erfolgsdruck.

Die dritte Falle besteht in der Maxime, *gleich gute Beziehungen zu leiblichen und Stiefkindern* zu haben. Das Stiefkind ist für den Stiefvater oder die Stiefmutter zunächst fremd. Das ist ein entscheidender Unterschied zu den leiblichen Eltern: Diese haben mit den Kindern eine gemeinsame Geschichte. Da waren Urlaube, Weihnachtsfeste, Ausflüge und viele kleine Begebenheiten, die für die Kinder von unschätzbarer Bedeutung sind. Beide Elternteile haben – auch wenn beispielsweise der Vater berufsbedingt kaum anwesend war – das Kind von Beginn an begleitet. Dem neuen Partner fehlt diese Beziehungsgeschichte mit dem Kind.

Seit der britische Psychoanalytiker John Bowlby die Bindungstheorie in den 1950er Jahren aufstellte, wird auf diesem Gebiet interdisziplinär geforscht. Die Bindungstheorie besagt, dass frühe Bindungen »innige« Beziehungen sind, die das Sozialverhalten prägen.

Bowlby bekam nach dem Krieg von der Weltgesundheitsorganisation den Auftrag, die ungewöhnlich hohe Säuglingssterblichkeit von Kriegswaisen in den Waisenhäusern Europas zu untersuchen. John Bowlby stellte fest, dass die Säuglinge neben der guten Ernährung und Ausstattung etwas anderes so schmerzlich vermissten, dass ein Teil von ihnen sterben musste: nämlich eine zuverlässige, stabil-verfügbare Bezugsperson, die dem Kind Zuwendung, Schutz und Aufmerksamkeit zuteil werden ließ. Diese Beobachtungen führten zur Entwicklung der Bindungstheorie, die einen wesentlichen Teil der Entwicklungspsychologie begründet.

Mit der Eltern-Kind-Bindung und ihren Langzeitfolgen beschäftigten sich auch der Entwicklungspsychologe Klaus Grossmann und seine Frau Karin. In zwei Langzeitstudien, in der sie mehr als 100 Familien von der Geburt der Kinder bis zum 20. oder 22. Lebensjahr begleiteten, haben die Wissenschaftler das Miteinander von Eltern und Kindern untersucht und konnten belegen, wie prägend die ersten drei Lebensjahre für Schlüsselbereiche wie Gesundheit, Stressresistenz und Partnerschaftsverhalten sind.

Die Ergebnisse der zwei Langzeituntersuchungen, der Bielefelder und der Regensburger Studie, finden sich im Lebenswerk der Grossmanns: »Bindungen – das Gefüge psychischer Sicherheit«.[13] Ihre Quintessenz ist: Jeder Mensch entwickelt schon in der Kindheit einen Bindungsstil. Dieser prägt auch spätere Partnerschaften. Beziehungsregeln, die das Kind in den ersten Jahren lernt, beeinflussen es ein Leben lang. In bedrohlichen Situationen oder bei psychischen Konflikten schalte sich dieser verinnerlichte Code ein und bestimme das Verhalten.

Auch das Buch »Frühe Bindung – Entstehung und Entwicklung« von Lieselotte Ahnert[14] gibt einen Überblick über Entstehung und frühe Entwicklung von Bindungsbeziehungen. Führende deutschsprachige Bindungsforscher erklären, welche Faktoren die Bindungsentwicklung beeinflussen, wie sich Bindung auf das Sozialverhalten auswirkt und wie es zu Fehlentwicklungen kommt. Dabei werden Ansätze der Entwicklungspsychologie, Psychoanalyse, Verhaltensforschung, Neuropsychologie und der Sprachwissenschaft einbezogen.

Auch wenn es Stiefeltern aufgrund fehlender Bindung nicht möglich ist, ihre Stiefkinder genauso zu lieben wie ihre eigenen, ist es aber trotzdem möglich, eine wertschätzende, freundschaftliche Beziehung zu entwickeln.

Der Stiefelternteil sollte wissen, wie wichtig es für ein Kind und seinen leiblichen Elternteil ist, ihre besondere Bindung aneinander und ihre Beziehung zueinander auch in der neuen Familienkonstellation zu pflegen und zu erhalten.

Ein Beispiel dazu: Vater und Sohn gehen gerne samstags zusammen zum Fußballplatz und nach dem Spiel gibt es Currywurst mit Pommes und Cola. Dabei kommt dann auch so manches heikle Thema zur Sprache und die beiden haben ihren eigenen Stil entwickelt, wie sie das dann bereden und klären. Für den Jungen ist das sehr wichtig, dass bei allen Veränderungen, die der Einzug der neuen Partnerin seines Vaters mit sich brachte, diese Gemeinsamkeit mit seinem Vater erhalten bleibt. Die neue Frau sollte es respektieren, dass sie hier ausgeschlossen bleibt und nicht beteiligt wird.

Eine sinnvolle Aufteilung der Erziehungsrollen zwischen Vater und Mutter

In vielen Familien beklagen die Mütter, dass sich die Väter zu wenig um die Erziehung der Kinder kümmerten. Während noch zu Anfang des 20. Jahrhunderts der patriarchalische Vatertyp vorherrschte, der die tägliche Betreuung und Erziehung der Kinder allein der Mutter überließ, setzte sich in den folgenden Jahren immer mehr der Typ des miterziehenden Vaters durch.

Der miterziehende Vater erfüllt die Aufgaben der Existenzsicherung der Familie, aber er nimmt auch aktiv und regelmäßig an der Betreuung des Kindes teil, spielt und lernt mit ihm, soweit es seine Freizeit zulässt. Den Großteil der Erziehung leistet jedoch die Mutter.

In den 1990er Jahren sprechen Soziologen vom »neuen Vater«. Der Typ des neuen Vaters wird dadurch beschrieben, dass hier die Vaterarbeit für den Mann gleichrangig ist oder sogar Vorrang vor seiner Erwerbsarbeit hat. »Der neue Vater handelt aus eigenen Motiven und Überzeugungen und ist in allen Aspekten der Sorge um die Kinder kompetent. Eine solche Intensität und Gewichtigkeit der Vaterarbeit wird meist erst möglich, wenn der Mann einen Vaterurlaub bzw. eine Elternkarenz beansprucht, wenn ihm Teilzeitarbeit oder Selbstständigkeit genügend Dispositionsspielraum lassen oder wenn er ohne Erwerbsarbeit ist.«[15]

Unabhängig davon, zu welchem Vatertyp der leibliche und nichtleibliche Vater in einem Patchwork-Familiensystem tendieren, müssen sie sich im Sinne einer optimalen Erziehung der Kinder mit der Mutter bzw. Stiefmutter über die Verteilung der Erziehungsaufgaben einigen.

Überlässt zum Beispiel ein Vater seiner neuen Partnerin im Wesentlichen die Erziehung seines 15-jährigen Sohnes, dürfte die Stiefmutter damit häufig überfordert sein. Das Kind ist ihr fremd und sie muss mit Widerstand und Verweigerung rechnen. Im schlimmsten Fall scheitert unter diesen Belastungen sogar die Partnerschaft. Um Eskalationen vorzubeugen, ist es erforderlich, dass der leibliche Elternteil versteht, dass er eine zentrale Rolle in der neu zusammengesetzten Familie hat und für die Erziehung verantwortlich ist. Er ist Ansprechpartner »Nummer eins« für sein Kind.

Es ist die Auffassung vieler Familientherapeuten, dass der neue Ehepartner bzw. Lebenspartner dem sorgenden Elternteil nur assistieren solle und so sich selbst und dem Kind genügend

Zeit gibt, allmählich eine passende Beziehung zum Kind aufzubauen.[16]

Freundschaftliche Kommunikation und Kooperation beider Patchworkfamilien – das »Zwei-Zuhause-Modell«

Wenn sich getrennt lebende Eltern die Elternaufgaben teilen, scheint es banal zu sein, wenn man feststellt, dass dies umso erfolgreicher geschehen könnte, wenn Vater und Mutter möglichst gut kooperierten. Die Wirklichkeit aber zeigt, dass die Kommunikation der Expartner oft problematisch ist. So unterscheidet Sieder unter anderem freundschaftlich und feindselig kooperierende Eltern.[17]

Feindselig kooperierende Eltern sprechen zwar miteinander, aber sie schüren ständig Missverständnisse und Konflikte. Ursache dafür sind erhebliche, noch nicht verarbeitete seelische Verletzungen, die sich die Expartner vor und während des Trennungsprozesses zugefügt haben. Häufige Konfliktthemen sind die Erziehung des Kindes, Fragen der Alimentation und des Besuchsrechts.

Freundschaftlich kooperierende Eltern kommunizieren häufig und regelmäßig. Ihre Scheidung oder Trennung ist oft »einvernehmlich« vollzogen worden. Ihre Freundschaft basiert auf gegenseitiger Achtung und der Erinnerung an ihr einstmals glückliches Familienleben. Die Elternarbeit führt sie nun immer wieder zusammen: zur Übergabe der Kinder, zur Besprechung von Problemen und Schwierigkeiten, zu Familienfesten wie Geburtstage, Kommunion, Einschulung usw.

Manches Patchworkkind ist noch von der Trennung seiner Eltern traumatisiert und muss erst neues Vertrauen in eine neue Bezugsperson aufbauen. Die Trennung bzw. Scheidung der Eltern stürzt Kinder und Jugendliche in ein schweres Gefühlschaos von Verunsicherung, Angst und Desillusionierung.

Diese negativen Auswirkungen können stark reduziert werden,»wenn die Eltern dem Kind glaubhaft versichern, dass es trotz der Trennung Mutter und Vater behalten wird. Dieses Versprechen wird für das Kind umso glaubhafter, je intensiver es mit dem aus dem gemeinsamen Haushalt ausgeschiedenen Elternteil zusammen ist. Wenn das Kind *zwei Zuhause* einrichten kann, unter möglicht vorbehaltloser Zustimmung und mit tätiger Unterstützung beider Eltern, sollten seine Schwierigkeiten nur von kurzer Dauer sein.«[18]

Es sind also »vernünftige« Eltern und Stiefeltern gefragt, die sich vertragen, kooperieren und ein Klima schaffen, in dem sich die Kinder mit ihren Bedürfnissen, Wünschen, Sehnsüchten und Fantasien entwickeln können und sie angemessen unterstützen und begleiten.

Eltern sollten sich stets ihrer Vorbildfunktion für die Kinder bewusst sein und im Interesse ihrer Kinder lernen, mit eigenen negativen Gefühlen wie Wut, Trauer, Ängsten und Enttäuschungen, die in der Regel mit einer Trennung oder Scheidung verbunden sind, umzugehen. Gleichzeitig sollten sie diese Gefühle auch ihren Kindern zugestehen und ihnen bei deren Bewältigung helfen.

So leicht sich diese Forderungen aufstellen lassen, so schwer kann es den getrennten Eltern fallen, diese zu erfüllen, weil sie oft noch mit ihren eigenen Verletzungen und Kränkungen und mit der Durchsetzung ihrer Interessen beschäftigt sind.

Dass es möglich ist, dass man sich als Ehepaar zwar trennen, aber trotzdem fair, respektvoll, tolerant und wertschätzend miteinander umgehen kann, zeigt das folgende Beispiel:

Marco, 37: *»Meine Eltern ließen sich scheiden, als ich zwölf Jahre alt war. Obwohl ich sehr traurig war, dass unsere Familie zerbrochen war, fand ich es gut, dass meine Eltern sich fair getrennt haben und danach freundschaftlich und wertschätzend miteinander umgehen konnten. Dadurch ist mir der Konflikt erspart geblieben, mich zwischen Feinden zu bewegen und in einen*

Loyalitätskonflikt hineingezogen zu werden. Meine Eltern beton-
ten beide immer: ›*Als Ehepaar sind wir gescheitert, Eltern blei-*
ben wir immer.‹ *Das hat mir sehr geholfen, die Situation anzu-*
nehmen.
  Ich bin derzeit glücklich verheiratet und habe einen kleinen
Sohn. Ich habe keine Veranlassung, über Trennung nachzuden-
ken, sehe aber, trotz des Scheiterns meiner Eltern als Ehepaar, in
ihnen mein Vorbild. Bei ihnen stimmte immer das, was sie sagten,
mit dem, was sie taten, überein und das hat mich überzeugt.«

Das folgende Beispiel zeigt, dass auch der Stiefelternteil Vor-
bildfunktionen übernehmen kann.

Philipp, 18: »*Lange konnte ich mich nicht damit abfinden, dass*
meine Eltern sich trennten und ich durch die zweite Ehe meiner
Mutter einen Stiefvater bekam. Das hat sich auch auf meine
schulischen Leistungen ausgewirkt und auf meine Zeugnisse.
Mein Stiefvater war sehr bemüht um mich und gab mir Nachhilfe
in Mathe, sodass ich einen einigermaßen guten Realschulab-
schluss bekam und ein Zeugnis, mit dem ich mich bewerben
konnte. Nach langem Suchen und vielen Frustrationen habe ich
eine Lehrstelle gefunden. Ich denke, ich kann mich bei meinem
Stiefvater bedanken, dass er mich so sehr unterstützt hat. Er hat
mich immer wieder dazu ermutigt, nach Absagen neue Bewer-
bungen zu schreiben. Von ihm habe ich gelernt, ›*wer aufgibt, hat*
schon verloren‹. *Diese Haltung hat mir sehr geholfen, aber auch*
sein Vorbild, wie er sich seine Position erkämpft und sich müh-
sam hochgearbeitet hat. Aus der einstigen Ablehnung ist durch
sein positives Vorbild Bewunderung geworden.«

Die Suche nach einem Erziehungskonzept

Was sage ich meinem zweijährigen Sohn, wenn er noch nicht schlafen will? Wie reagiere ich darauf, wenn meine zwölfjährige Tochter ein Piercing will? Und was mache ich, wenn ein Fünfjähriger kein Gemüse essen mag? Reagiere ich streng, autoritär, lasse ich alles zu, damit sich mein Kind frei entfalten kann, und ziehe ich damit einen kleinen Egoisten heran, der später die gesamte Familie terrorisiert? Eltern müssen sich absprechen, welchen Erziehungsstil sie für ihr Kind anwenden und gemeinsam vertreten wollen.

Jeder kennt es selbst: Auch in einer traditionellen Familie sind sich Vater und Mutter nicht immer einig über die »richtige« Erziehung, denn auch der Erziehungsstil leiblicher Eltern ist stark geprägt von dem, was sie in ihrem Elternhaus erfahren haben.

Im Patchwork-Familiensystem kommen zu den getrennt lebenden leiblichen Eltern die Stiefeltern mit ihren Vorstellungen über Erziehung hinzu. Je mehr Bezugspersonen aber mitreden wollen, umso komplexer und konfliktträchtiger wird die Erziehungsaufgabe.

Betrachten wir das in Kapitel 1 auf Seite 12 (Abb. 1) dargestellte Patchwork-Familiensystem, dann erkennen wir aus der Sicht von Jonas vier mit der Erziehung der Kinder mehr oder weniger befasste Eltern: in der Vater-Patchworkfamilie den leiblichen Vater Richard und die Stiefmutter Julia, in der Mutter-Patchworkfamilie die leibliche Mutter Anna und den Stiefvater Jörg.

Wenn es nun zu Differenzen der Eltern bei der Erziehung kommt, reagieren die Kinder entweder mit Verunsicherung und Desorientierung, oder sie nutzen die Uneinigkeit der Eltern aus und machen, was sie wollen.

Für ein Patchworkkind wird es besonders schwierig, wenn verschiedene Personen Widersprüchliches von ihm fordern.

Möglicherweise will Jörg Jonas zu einem durchsetzungsfähigen, energischen, zielstrebigen Erwachsenen erziehen, doch Richard legt vorwiegend Wert auf die Ausbildung sozialer Fähigkeiten. Solche unterschiedlichen Ansprüche der Eltern führen oft zur Überforderung oder Verunsicherung des Kindes.

Auch die Vorstellungen über die Art und Weise, wie die Erziehungsziele erreicht werden sollten, können sehr unterschiedlich sein: Neigen Vater oder Mutter eher dazu, ihre Kinder zu bestrafen oder zu loben? Verzichten sie lieber ganz auf Einschränkungen und Regeln für die Kinder, lassen sie sie im Grunde tun, was sie wollen? Vielleicht fühlt sich Jonas so wohl in der Vater-Patchworkfamilie, weil er da fast alles machen kann, was er will, während in der Mutter-Patchworkfamilie »strenge Sitten« herrschen.

Diese Überlegungen legen nahe, dass sich die Patchworkeltern im Sinne des Kindes über die Erziehungsziele und -methoden abstimmen sollten, und zwar zunächst innerfamiliär, also innerhalb der Vater- und der Mutter-Patchworkfamilie, aber auch zwischenfamiliär, also zwischen beiden Teilfamilien.

Die innerfamiliäre Abstimmung des Erziehungskonzepts

Betrachten wir noch einmal die Mutter-Patchworkfamilie in der Abb. 1 auf Seite 12. In diesem Beispiel sollten sich Jörg und Anna über ihre Ziele und Methoden der Erziehung von Claudia, Rebecca und Jonas abstimmen. Dabei geht es zum Beispiel um Pünktlichkeit, Ordnung und Mithilfe im Haushalt. Und ganz wichtig ist es, dass diese Regeln für leibliche *und* Stiefkinder gelten, damit sich kein Kind benachteiligt fühlen muss.

Wie sich andererseits Uneinigkeit in Erziehungsfragen auswirkt, zeigt folgendes Beispiel.

Gisa, 43: »*Meine Erziehung beispielsweise beim Mittagsessen bestand darin, dass der Teller in jedem Fall leer gegessen wird.*

Das hatte ich auch so meinen drei Kindern beigebracht. In meiner neuen Familie versuchte ich, dieses Prinzip auch für die Tochter meines Mannes einzuführen. Ich bestand darauf, dass Julia, die Tochter meines Mannes, ebenfalls ihren Teller leer isst. Das führte zu spannungsgeladenen Mahlzeiten, weil mein Mann sich einschaltete und seiner Tochter erlaubte, selbst zu bestimmen, was und wie viel sie essen möchte. Das wiederum führte zu einem Konflikt auf der Elternebene, weil ich das Gefühl hatte, dass mein Mann mir in den Rücken fällt und damit meine Autorität untergräbt. Nachdem mein Mann und ich uns ausgesprochen hatten, einigten wir uns darauf, dass jedes Familienmitglied seine Essensportion selbst bestimmen darf, aber einen ›Anstandshappen‹ von allen Speisen probiert, auch wenn es nicht das Lieblingsessen ist.«

Weil Patchworkkinder in ihren Erstfamilien unterschiedliche Verhaltensweisen gelernt haben, müssen sich gerade Patchworkeltern – wie das Beispiel zeigt – auf für alle Kinder verbindliche Regeln einigen. Dabei muss behutsam vorgegangen werden. Oberstes Gebot sollte immer sein, niemandem etwas aufzuzwingen, um Widerstand bei den Kindern und Differenzen zwischen den Patchworkeltern zu vermeiden.

Steffi, 45, Patchworkmutter seit zwei Jahren mit einer eigenen Tochter (13) und zwei Töchtern von ihrem Partner (12 und 15): *»Da ich nach meiner Scheidung einige Jahre alleinerziehend war, habe ich meine Tochter schon sehr früh zur Selbstständigkeit erzogen und ihr die Verantwortung für bestimmte Dinge übertragen. Sie musste auch Haushaltsaufgaben erledigen, weil ich es allein nicht geschafft hätte. Das hat meine Tochter auch eingesehen und widerspruchslos alle ihr aufgetragenen Dinge erledigt.*

Die Mutter der beiden Töchter meines Mannes, die nie berufstätig war, hat in ihren Kindern ihren einzigen Lebensinhalt gesehen, was dazu führte, dass die Töchter überbehütet und verwöhnt wurden. Nach dem Unfalltod ihrer Mutter wurden sie besonders in Watte gepackt, sie hatten ja schließlich ihre Mutter verloren.

Schwierig gestaltet es sich nun für mich, die Kinder mit so unterschiedlichen Prägungen und Erfahrungen auf gleiche Bedingungen für alle ›umzuprägen‹. Meine Tochter verweigert sich inzwischen auch, weil sie nicht einsieht, dass die anderen Töchter Sonderrechte bekommen, während man von ihr Mithilfe erwartet. Die Töchter meines Mannes empfinden es schon als Zumutung, den Tisch zu decken, die Spülmaschine ein- oder auszuräumen oder auch mal den Einkauf aus dem Auto ins Haus tragen zu helfen. Auch für mich ist es ärgerlich, dass sie sich benehmen, als wären sie in einem Hotel und als hätten sie ein natürliches Recht darauf, bedient zu werden. Von meinem Mann bekomme ich keine Unterstützung. Der meint immer: ›Lass doch die armen Kinder in Ruhe, die haben doch schon ihre Mutter verloren.‹ Das führt dann über das Unverständnis in Bezug auf Erziehungsanforderungen, Gleichbehandlung und Gerechtigkeit zu Problemen zwischen uns. Im Gegensatz zu meinem Mann bin ich der Meinung, dass man in einer Familie nicht nur Rechte, sondern auch Pflichten hat und dass Familie etwas mit Ausgeglichenheit im Geben und Nehmen zu tun hat.«

Die Kinder in diesem Beispiel haben in ihren Erstfamilien unterschiedliche Erziehungsstile erlebt und sind durch sie unterschiedlich geprägt worden. Wenn Patchworkeltern versuchen, ihnen etwas abzuverlangen, was sie bisher nicht gewohnt waren, leisten sie Widerstand und versuchen, ihren »Besitzstand« zu wahren. Wie aber könnte Steffi ihre Stieftöchter dazu motivieren, sich in die Familie einzubringen?

Druck ist ungeeignet, denn er endet in massivem oder subtilem Widerstand. Die konfliktfreie Lösung besteht darin, die Gegensätze, mit denen man es in Patchworkfamilien zu tun hat, anzuerkennen und behutsam zu verändern. Steffi könnte beispielsweise die nächste Gelegenheit abwarten, wenn ihre Stieftöchter wieder einen Wunsch äußern. Dann könnte sie zum Beispiel sagen: »Gern mache ich das für dich, wenn du mir im Gegenzug auch einen Gefallen erweist, indem du mal eben die Mülltonne an die Straße fährst!« Nur so lernen Kinder, dass es nichts zum Nulltarif gibt, und vor allem, dass man anderen zuliebe auch schon mal etwas tun kann, statt immer nur etwas von anderen zu erwarten.

Durch solche sanfte, positive Motivationen eine Veränderung herbeizuführen ist empfehlenswerter, als ein bestimmtes Verhalten einzufordern. Auch Stiefeltern hinterlassen auf Dauer durch liebevolles, konsequentes Verhalten eine Prägung. Sie müssen viel Geduld aufbringen und abwarten können, bis alle Kinder dazu bereit sind, sich mit der neuen Familie zu identifizieren und sich aktiv in sie einzubringen.

Typisch ist in diesem Beispiel auch die Haltung des Vaters: Er überlässt es der Stiefmutter, seine leiblichen Kinder zu erziehen, und versucht sich herauszuhalten. Tatsache aber ist: Es gibt keine »Nichterziehung«, so wenig wie es eine »Nichtkommunikation« gibt. Auch sein Verhalten wirkt auf die Kinder und prägt sie. Sie lernen: Bei unserem Vater dürfen wir alles!

Es gibt aber auch die Konstellation, dass der Stiefvater sich zwar um die Erziehung seiner Stiefkinder kümmern möchte, aber die leibliche Mutter dieses verhindert: Daniels Stiefvater, der selbst sehr konsequent erzogen wurde und dies auch an seine Kinder weitergeben möchte, kapituliert häufig vor Daniel, der diese Erziehung nicht kennen gelernt hat und häufig außer Rand und Band ist. Um Konflikte mit seiner Frau, Daniels Mutter, zu vermeiden, hat sich das Elternpaar geeinigt, dass die Mutter ihr leibliches Kind allein erzieht und der Stiefvater sich nicht einmischt.

Die zwischenfamiliäre Abstimmung des Erziehungskonzepts

Alle Eltern wissen: Besuchszeiten sind Ausnahmezeiten. Da kann man Erziehungsbemühungen getrost vergessen. Wenn Kinder also alle 14 Tage ihren Vater oder ihre Mutter besuchen dürfen, kann man erwarten, dass sie allenfalls verwöhnt, aber nicht erzogen werden.

Ihre Bedeutung erhält die Frage nach einer zwischenfamiliären Abstimmung des Erziehungskonzepts, wenn sich die Kinder ungefähr die gleiche Zeit in der Familie der leiblichen Mutter und in der des leiblichen Vaters aufhalten (»Zwei-Zuhause-Modell«).

Die Notwendigkeit einer Abstimmung über das Erziehungskonzept ergibt sich bereits aus einer Reihe von Gründen, die das unterschiedliche Erziehungsverhalten beider leiblicher Eltern erklären:

- Es ist häufig zu beobachten, dass mancher Vater aus geschlechtsspezifischen, meist unbewussten Gründen die Tochter dem Sohn vorzieht oder den Sohn der Tochter. Ähnliche, aber dann oft umgekehrte Verhaltensmuster gelten für die Mutter.
- Es gibt Väter, die eine klischeehafte Vorstellung von Männlichkeit haben und ihren Söhnen bestimmte, diesem Klischee entsprechende Streiche oder Unarten im Gegensatz zu ihrer Mutter leichter verzeihen.
- Während in herkömmlichen Familien unterschiedliches Erziehungsverhalten von Mutter und Vater sofort erkannt wird und dann besprochen und ausgeglichen werden kann, fehlt diese Korrekturmöglichkeit in der Patchworkfamilie, da die leiblichen Eltern getrennt leben.
- In Abhängigkeit von der Intensität negativer Gefühle, die die geschiedenen oder getrennten Eltern füreinander empfinden, kann es vorkommen, dass der eine Elternteil die Erziehungsbemühungen des anderen bewusst unterläuft.

Beispiele für die unterschiedlichen Erziehungskonzeptionen in der Familie des Vaters und der Mutter:

- Fernsehen: Der Vater erlaubt den Kindern, einen Krimi zu sehen, während die Mutter dagegen ist.
- Computerspiele: Der Vater findet es nicht schlimm, wenn sein Sohn im Computerspiel »Männchen abschießt«, die Mutter dagegen möchte alles unterbinden, was Gewalt zeigt oder begünstigt.
- Ausgangszeiten: Auch bei der Begrenzung der Freizeit gibt es bei Eltern eine große Bandbreite der Möglichkeiten. Väter erlauben auch hier oft mehr als Mütter.
- Essenszeiten: Auch bei den Essenszeiten sind Mütter häufig strenger wie auch bei Hausaufgaben, Körperpflege, Manieren und Kleidung als Väter.

Um nur ansatzweise zu einem gemeinsamen Erziehungskonzept zu kommen, müssen die Eltern bereit sein, sich zusammen an einen Tisch zu setzen und zu reden.

Nach einer Statistik aus dem Jahre 2002 empfinden 25 Prozent der geschiedenen Eheleute negative Gefühle füreinander, 30 Prozent empfinden freundschaftliche Gefühle, 45 Prozent sind indifferent gegenüber dem Partner eingestellt. Die negativen Gefühle gegenüber dem geschiedenen Ehepartner nehmen in einem Zeitraum von sechs Monaten bis vier Jahren nach der Scheidung ab.[19]

Die Ausgangsbedingungen für ein gemeinsames Gespräch sind demnach zumindest in der Anfangszeit nach der Scheidung nicht besonders günstig. Aber im Sinne der gemeinsamen Kinder sollte wenigstens der Elternteil, der weniger unter der Scheidung leidet oder gelitten hat, so etwas wie eine »Familienkonferenz« anstreben. Idealerweise würden sich alle Patchworkeltern treffen und in ungezwungener Atmosphäre Gespräche über die Erziehung ihrer Kinder führen. Dazu sollte einmal im Monat ein fester Termin eingeplant werden, bei dem jeder die Möglichkeit hat, über das zu reden, was ihm wichtig ist. Je nach Alter der Kinder könnte man diese Familienkonferenz beispielsweise für die Kinder zu einem gemeinsamen Spielabend machen und ihn damit beschließen, indem gemeinsam gekocht und gegessen wird. Auf diese Weise wird deutlich, dass alle miteinander verbunden sind und sich umeinander bemühen. Jeder Termin kann bei guter Planung zu einem kleinen Erlebnis werden, was sich positiv auf das Familienklima im Patchwork-Familiensystem auswirkt. Anregungen zur Familienkonferenz finden Patchworkeltern in dem Buch von Thomas Gordon:»Die Familienkonferenz«.[20]

Zum Schluss bleibt die Frage, welche Auswirkungen es auf Kinder hat, wenn sich die Teil-Patchworkfamilien nicht auf eine gemeinsame Linie in der Erziehung einigen.

Tröstlich ist die Erkenntnis, dass Kinder schnell lernen, wo sie etwas dürfen und wo nicht. Beispielsweise kommt der Junge wieder in die Mutter-Patchworkfamilie und sagt zu seiner Mutter:»Bei Papa darf ich so lange ich will am PC spielen, warum soll ich jetzt schon ins Bett?« oder:»Bei Papa darf ich jeden Tag Pommes essen. Warum gibt es bei dir keine?«

Das Kind weiß vielleicht schon, was vernünftiger ist, aber es stellt sich auf den Standpunkt, dass es nur eine Wahrheit geben könne. Wer hat denn nun Recht, der Papa oder die Mama?

Die Mutter hat nur eine begrenzte Wahl von Reaktionen:

- Sie kann sagen:»Was du bei deinem Vater machst, ist mir egal. Bei mir gelten andere Regeln«, oder
- sie versucht, ihr Kind mit Argumenten zu überzeugen, oder
- sie gibt entnervt nach.

Der Stiefvater kann ihr leider auch kaum helfen, da der Sprössling ihm frech die rote Karte mit den Worten zeigen würde:»Du hast mir gar nichts zu sagen, du bist ja gar nicht mein Vater!«

Ohne eine zwischenfamiliäre Abstimmung über die Erziehungskonzeption kann also die eine Teil-Patchworkfamilie für

die andere eine permanente Störquelle sein und zu vielen unnötigen Reibereien und Auseinandersetzungen führen. Und das ist
sicherlich kein Klima, in dem Kinder glücklich leben.

Improvisation statt Perfektion

Der Alltag in einer Patchworkfamilie ist mitunter verwirrend
und oft anstrengend. Da oft in Patchworkfamilien alles ganz anders kommt als gedacht, sind starre Planungen eher hinderlich.
Es sind Geschick und Aufmerksamkeit gefragt, um zu erkennen,
worauf es im Moment ankommt, und entsprechend darauf zu
reagieren. Ein solches Leben ist nur mit organisatorischer
Höchstleistung zu managen und – mit viel Improvisationstalent.
Es geht um die Kunst, sich durch das tägliche Chaos dieses Systems zu hangeln.

Aber trotz aller Lockerheit und Improvisation braucht auch
eine Patchworkfamilie eine gewisse Planung und verlässliche
Rahmenbedingungen. Patchworkeltern müssen beispielsweise
ein zuverlässiges Versorgungsnetz für ihre Kinder garantieren.
Das setzt voraus, dass sie untereinander Absprachen darüber
treffen müssen, wann die Kinder zu Besuch beim leiblichen
Elternteil sind bzw. an welchen Wochentagen oder in welchem
Wochenrhythmus die Patchworkkinder pendeln.

Das hat Auswirkungen auf den Alltag der Patchworkeltern. An
den Tagen, an denen sie »volles Haus« haben und alle Kinder zu
Hause sind, kann zum Beispiel eine den Haushalt führende Mutter keine anderen Termine wahrnehmen. Ein spontanes Treffen
mit der besten Freundin muss dann auf die »kinderfreie Zeit«
verlegt werden, weil die Aufsichtspflicht über die Kinder Vorrang hat. Wenn alle Kinder zu Hause sind, muss natürlich auch
mehr gekocht und zuvor eingekauft werden.

Und hat beispielsweise der leibliche Vater von Patchworkkindern die Kinder vorwiegend zu Besuchswochenenden und in Ferienwochen, muss er seine freie und die Kinderzeit ebenso planen.

Simone, 36: »*Mein Mann ist Berufssoldat und demzufolge häufig nicht zu Hause. Ich hatte mir alles, als ich ihn nach der Scheidung meiner ersten Ehe heiratete, auch anders vorgestellt. Zwischen meinen Kindern (6 und 8 Jahre alt) und meinem Mann hat es noch nie irgendwelche Schwierigkeiten gegeben, er wurde von Anfang an akzeptiert. Da mein Mann mit seiner Exfrau das gemeinsame Sorgerecht ausübt, ist seine neunjährige Tochter drei Tage pro Woche und jeweils die Hälfte der Ferien bei uns.*

Mit Alina begann für uns alle der Stress. Ich habe mir das am Anfang nicht so schwierig vorgestellt, ich dachte mir, ich bin ja schon Mutter, ist halt dann ein Kind mehr. Wenn es nur so einfach gewesen wäre. Ich hatte keine Ahnung davon, aus welchen Familienverhältnissen dieses Kind kam.

Es war nicht so, dass ich Alina abgelehnt hätte, aber dieses Kind war ein richtiges Entwicklungsgebiet: Obwohl sie neun Jahre alt war, kannte sie keinen normalen Tagesablauf mit regelmäßigen Wach- und Schlafzeiten, keine festen Tischzeiten, keine geregelten Mahlzeiten, kein tägliches Zähneputzen. Das Mädchen schlief in ihrer Tageskleidung, und dass man regelmäßig Unterwäsche wechselt, war ihr fremd.

Es gab sehr viele Spannungen bei uns zu Hause. Für mich, eine geborene Jungfrau, die immer alles geordnet und planbar haben muss, um sich wohlzufühlen, war Alina ein Störfaktor, der mir mein bisher gut funktionierendes System aus Ordnung und Disziplin zerstörte. Es begann eine Sisyphusarbeit für mich, gegen das Chaos, das dieses Kind verbreitete, anzukämpfen.

Sie verhielt sich wie Pippi Langstrumpf und tat nur, was ihr gefiel. Sie hielt sich nicht an Mahlzeiten, bediente sich am Kühlschrank, wann sie wollte, wühlte überall herum und ließ alles im Chaos zurück. Etwas zu planen war aussichtslos.

Ich war immer nur erschöpft und musste trotz meines immer-

währenden Einsatzes erkennen, dass ich bei diesem Kind nicht erreichen konnte, dass es sich in unsere Familie einpasst.

Erst als ich an meinen physischen und psychischen Grenzen angelangt war und erkannte, dass ich mich ändern muss, wenn ich nicht zugrunde gehen will, wurde der Familienalltag stressfreier für mich. Der Leidensdruck zwang mich dazu, meine Prinzipien über Bord zu werfen, fünfe gerade sein zu lassen, mich auf dieses schwierige Kind einzustellen. Ich habe gelernt, dass es Situationen gibt, in denen man improvisieren und situativ entscheiden muss, was im Moment wichtig ist.«

Dieses Beispiel zeigt deutlich, wie der »Kampf«(!) einer Mutter, ein Stiefkind zu disziplinieren, scheitert. Weil Stiefeltern kein Erziehungsrecht über ihre Stiefkinder haben, sollten sie nicht versuchen, diese zu erziehen. Stiefeltern können nur indirekt, zum Beispiel durch ihr positives Vorbild Einfluss nehmen.

Stiefmütter versuchen manchmal mit aller Macht, ihre Vorstellungen von Ordnung in der Familie durchsetzen. Kinder, die sich von einer fremden Frau dominiert fühlen, zeigen dann Widerstand und bleiben am Ende Sieger. Dass die Stiefmutter schließlich resigniert, ist sicherlich auch nicht die richtige Lösung. Welche Rolle aber spielt hier der leibliche Vater des Kindes? Inwieweit sollte er seine Frau unterstützen, selbst wenn er nur wenig zu Hause ist?

Es wirkt fatal, jemandem etwas aufzuzwingen. Indem eine Stiefmutter erkennt, dass Druck kontraproduktiv ist, wird sie es, statt Druck anzuwenden, mit Kreativität und Motivation versuchen, und damit wird sich auch ein widerspenstiges Kind mit der Zeit in die Familie einpassen.

Viele Patchworkmütter fühlen sich anfangs gestresst, wenn es mal nicht so läuft wie geplant, bis sie begreifen, dass man in einem Patchwork-Familiensystem nur wenig planen kann und überwiegend von Situation zu Situation intuitiv entscheiden muss, was zu tun ist. Es kommt darauf an, innerlich locker zu bleiben.

Kinder können damit leben, oft besser als ihre auf Prinzipien fixierten Eltern. Kinder finden Improvisation gar nicht so schlimm. Locker können nur die Eltern sein, denen klar ist, dass sie sich auf unbekanntem Terrain befinden und trotz bester Absichten Fehler machen werden, aus denen man aber lernen kann. Viel wichtiger, als alles perfekt zu organisieren, ist es, sich von den Kindern inspirieren zu lassen, denn Kinder leben uns Unvollkommenheit vor und beweisen, dass wir das Leben auch so meistern können.

Und hier die Erfahrungen eines Patchworkvaters:

»Eine klassisch entstandene Familie entwickelt sich prozesshaft: Man liebt sich, man wird schwanger, man kauft ein Haus, man kauft eine Wohnung, man richtet ein Kinderzimmer ein, man wird wieder schwanger, man richtet ein zweites Kinderzimmer ein. Das ist so ein Prozess, bei dem eine klassische Familie entsteht. Alles ist immer sozusagen der Entwicklung des Systems angepasst. Die Entwicklung des Kindes bewirkt den nächsten Entwicklungsschritt der Familie in der klassischen Kernfamilie.

In der Patchworkfamilie ist das alles über den Haufen geworfen: Plötzlich sind noch zwei weitere Kinder da, plötzlich ist ein zweiter Vater da, der seine leiblichen Kinder jedes zweite Wochenende holt. Das Leben in der Patchworkfamilie ist viel ungeplanter und herausfordernder und verlangt spontane Lösungen für ungeplante Dinge.

Es stellen sich ganz banale Fragen, zum Beispiel: Was machen wir am Geburtstag eines Kindes? Feiern wir in getrennten Veranstaltungen oder laden wir den leiblichen Vater des Kindes mit seiner neuen Frau ein? Jeder Termin ist – egal, ob Einschulung, Abitur, Weihnachten oder Geburtstag – eine ungeklärte Herausforderung. Auch Kinder müssen in diesem Familiensystem jonglieren: Kränkt es die Mama, wenn ich jetzt den Papa frage, ob er mich holt?

Alles ist nicht selbstverständlich und verlangt auch von den Patchworkkindern viel Eigenregie! In einer Patchworkfamilie

müssen die Kinder aktiver um ihre Dinge kämpfen, die in ande-
ren Familien selbstverständlich sind, beispielsweise: ›Ich wün-
sche mir zu meinem 18. Geburtstag, dass ich ihn mit meinen
Eltern verbringe, obwohl ich weiß, dass die nicht gerade gut
aufeinander zu sprechen sind.‹ Patchworkkinder müssen ihre
Wünsche äußern und aktive Lösungen selbst vorschlagen. Da-
durch erlangen sie viel früher Eigenkompetenz. Ein Kind in einer
normalen Kernfamilie würde viel eher alles auf sich zukommen
lassen, weil es sich auf die familiären Rituale des gemeinsamen
Feierns stützen kann.«

Konfliktlösungsverhalten, Auseinandersetzung und Streitkultur

Wie schon mehrfach erwähnt, gibt es in Patchworkfamilien, besonders in ihrer Anfangsphase, oft Missverständnisse. Das liegt
auch daran, dass in den bei der Entstehung eines Patchwork-Familiensystems zusammenkommenden Familien oft vollkommen
andere Formen der Auseinandersetzung und Streitkultur geübt
wurden.

Sagt beispielsweise eine leibliche Schwester zur anderen *»Du
blöde Kuh«,* weiß die andere, dass sich ihre Schwester im Moment zwar sehr geärgert hat und ihren Unmut ausdrückt, sie aber
nicht grundsätzlich ablehnt oder infrage stellt. Sie weiß, wie sie
solche Äußerungen zu nehmen und zu bewerten hat. Irgendwann
sagt die Schwester dann vielleicht *»Entschuldige bitte, es war
nicht so gemeint, ich war nur sauer auf dich, weil …«,* und alles
ist wieder im Lot. Sagt dagegen eine Stiefschwester zur anderen:
»Du blöde Kuh«, dann hat das ein anderes Gewicht, weil unter
Stiefgeschwistern zumindest anfangs kein Zusammengehörig-
keits- oder Wir-Gefühl besteht. Sie hatten keine Möglichkeit,
sich Stiefgeschwister auszusuchen, sondern bekamen sie vorge-

setzt und mussten notgedrungen lernen, sich an deren Existenz zu gewöhnen. Dieser Gewöhnungsprozess fällt im Allgemeinen ehemaligen Einzelkindern besonders schwer, weil sie alleiniger Mittelpunkt in der Familie waren und sich nicht mit anderen Geschwistern auseinandersetzen mussten. Damit hat ein Streit unter Stiefgeschwistern ein viel höheres Konfliktpotenzial als unter leiblichen Geschwistern mit entsprechenden Auswirkungen auf die Patchworkeltern. Um dies zu verdeutlichen, betrachten wir zunächst *Auseinandersetzung und Streit in (herkömmlichen) Erstfamilien.*[21]

Auseinandersetzung und Streit sind häufig bereits dann programmiert, wenn Kinder nicht das bekommen, was sie wollen. Oft geht es um die gerechte Verteilung von Zuwendungen, Rechten und Pflichten und um die unterschiedlichen Positionen in der Familie. Aber auch das Verhalten der Eltern kann Anlass zur Auseinandersetzung sein und die Ursache dafür, Geschwister zugleich als Verbündete und als Rivalen zu erleben.

Für Eltern ist es schwer, den Bedürfnissen jedes einzelnen Kindes gerecht zu werden. Wichtig ist die Erkenntnis, dass jedes Kind seinen Platz braucht, denn jedes Kind ist einmalig, und das bedeutet, dass Eltern nicht alle Kinder gleich behandeln können oder müssen. Wichtig ist es, Geschwister nicht miteinander zu vergleichen oder zu bewerten, sondern ihre Einzigartigkeit zu sehen. »Erstgeborene« haben eine andere Position als »Sandwich-Kinder« oder ein »Nesthäkchen«. Daraus entwickeln sich unterschiedliche Bedürfnisse, Stärken und Verhaltensmuster. Ältere Geschwister müssen manchmal schon sehr früh Verantwortung übernehmen, wogegen jüngere eher mit Unterstützung rechnen dürfen. Solche Erfahrungen prägen das Bild, das ein Kind von sich selbst entwickelt.

Streit in Familien entwickelt sich über das ausgeprägte Gerechtigkeitsgefühl der Kinder, die genau beobachten, ob Eltern Kinder bevorzugen oder benachteiligen. Es kann aber auch berechtigte Gründe geben, warum Eltern Kinder ungleich behandeln, so haben ältere Kinder andere Freiheiten als jüngere. Es ist aber wichtig, dass Eltern ihren Kindern die unterschiedlichen Maßstäbe erklären.

Die meisten Konflikte, die Kinder unter sich haben, können sie selbst klären. Eltern sollten keine Richter sein, und Fragen wie »Wer hat angefangen?« oder »Wer hat Schuld?« tragen wenig dazu bei, einen Streit zu klären. Manchmal ist aber ein Machtwort notwendig, besonders wenn ein Streit bereits eskaliert ist. Hauptsächlich sollten Eltern Vermittler sein, einen Streit ohne Gesichtsverlust für eines der Kinder zu beenden und nicht Schuldige zu suchen, um sie an den Pranger zu stellen.

Um Konflikte auf eine gute Art lösen zu können, ist das in der Kindheit erworbene Konfliktlösungspotenzial von enormer Bedeutung. Wer es in der frühen Sozialisationsphase nicht gelernt hat, mit Konflikten umzugehen, wird diese Fähigkeit später nur schwer entwickeln.

Familienkonflikte werden häufig negativ interpretiert, weil sie in »geordneten Verhältnissen« eigentlich nicht vorkommen dürfen. Konflikte werden deshalb von vielen als störend empfunden, werden unterdrückt oder verleugnet, zumal die Familienmitglieder wegen ihrer Nähe zueinander besonders leicht verletzbar sind.

Kinder ahmen auch das Konfliktlösungsverhalten ihrer Eltern nach. Sind Eltern Verdränger, leugnen Konflikte oder kehren gern alles unter den Teppich, wird ein Kind dieses Verhalten übernehmen und im Konfliktfall ebenfalls »abtauchen«. Lernt ein Kind aber von seinen Eltern, sich Konflikten zu stellen und »den Stier bei den Hörnern« zu packen, wird es in Konfliktsituationen um eine Lösung, um eine Klärung bemüht sein.

Wenn Familienkonflikte eskalieren, dann artet das häufig in einen Machtkampf mit Siegern und Besiegten aus. Dies ist ein Konfliktlösungsverhalten, das nur den eigenen Vorteil im Blick hat. Der Stärkere versucht, dem anderen seine Bedingungen der Konfliktlösung aufzuzwingen. Die Interessen des anderen bleiben dabei auf der Strecke. Solche Lösungen beenden den Konflikt nur scheinbar und vorübergehend, denn die Motivation, sich dann an getroffene Vereinbarungen zu halten, ist gering. Bei dem Unterlegenen wird die Motivation gestärkt, in Zukunft auch zu den Siegern zu gehören, um anderen seinen Willen zu diktieren.

Eine faire Konfliktlösung setzt aber voraus, dass die Interessen anderer als gleichberechtigt mit den eigenen anerkannt werden. Dies kann nur geschehen, wenn alle Familienmitglieder auch als gleichwertig angesehen werden.

Viele Menschen glauben, dass Konflikte und Auseinandersetzungen etwas Negatives und Zerstörerisches haben. Das Gegenteil aber ist der Fall. Meinungsverschiedenheiten und Auseinandersetzungen gehören zum menschlichen Miteinander. Durch Auseinandersetzungen lernen wir mehr über uns selbst und über die Menschen, mit denen wir auskommen müssen, sollen oder wollen.

Die meisten von uns wissen eigentlich ganz gut, wie man »vernünftig« streitet, sodass es nicht zu einer Verstimmung kommt, sondern zu einer Einigung. Bekanntlich gibt es für ein erfolgreiches Streiten Regeln: sich wirksam mitteilen, aktiv zuhören, Vorwürfe vermeiden, die richtigen Fragen stellen, über eigene Wünsche, Bedürfnisse und Gefühle reden, auf der Sachebene bleiben und nicht auf die Persönlichkeitsebene abgleiten, also den anderen nicht abwerten oder gar beleidigen, Kompromissbereitschaft zeigen.

Spätestens im Kindergarten muss ein Kind sich ständig auseinandersetzen und behaupten. Kindergartenkinder machen dann die Erfahrung: Wenn ich ein Kind schlage oder trete, schlägt oder tritt es zurück. Bis zum Ende der Grundschulzeit setzen sich Kinder häufig körperlich auseinander. Doch nach und nach finden sie heraus, dass sie mit Faustrecht nicht weiterkommen. Sie suchen und finden intelligentere Strategien und lernen, sich verbal erfolgreich zu wehren.

Im Kindergarten und in der Schule dient ein Streit sowohl der Kontaktaufnahme als auch der Abgrenzung. In der Familie sieht das etwas anders aus, da hier die Rollenverteilung bereits feststeht (zum Beispiel: der Älteste hat das Sagen). Beim Geschwisterstreit geht es häufig um das Verteilen der elterlichen Aufmerksamkeit. Fast immer geht es dann um die Frage, mit welcher Strategie man die größte Aufmerksamkeit von den Eltern bekommen kann.

In der täglichen Auseinandersetzung mit Eltern, Geschwistern, Schulfreunden und Nachbarskindern trainieren Kinder, Konflikte auszutragen, erproben ihre Durchsetzungsfähigkeit, erlangen durch das Üben in immer neuen Situationen soziale Kompetenzen und lernen damit ihre Überlebensstrategien. Sie erfahren im »Nahkampf«, dass Zanken Zeit und Kraft kostet, und begreifen irgendwann, dass es oft besser ist, sich auf Kompromisse einzulassen. Sie machen auch die wichtige Erfahrung, dass Streit, Auseinandersetzungen und verschiedene Meinungen nicht zwangsläufig das Ende von Freundschaft und Zuneigung bedeuten müssen. Vielmehr lernen sie, soziales Verhalten und Grenzen anzuerkennen: Wie weit kann und darf ich gehen? Wo sind meine Grenzen? Wo sind meine Hemmschwellen? Was lassen sich andere von mir gefallen? Wann muss ich zurückstecken? Wann ist es angezeigt, mich durchzusetzen? Wie kann ich einen Streit ohne Gesichtsverlust für beide Seiten lösen?

Obwohl Zank und Streit unter Geschwistern den Eltern den letzten Nerv rauben, ist Zanken eine wichtige Lebensübung für Kinder und trägt zur Entwicklung des Sozialverhaltens bei. Manchmal zetteln Kinder aber auch Streit an, um Spannung abzubauen. Wenn sie aus der Schule kommen oder überfordert sind, suchen sie zu Hause einen Blitzableiter, an dem sie sich abreagieren können. Das geht in der Regel schnell wieder vorüber.

Streitende Kinder können sich meistens einigen – auch ohne das Eingreifen der Eltern. Wenn sich die Eltern ständig einmischen, trauen Kinder sich irgendwann gar nicht mehr zu, einen Streit eigenständig zu lösen. Wenn Eltern als Schlichter in Aktion treten, bringt das meist kurzzeitigen Erfolg. In jedem Fall sollten sie auf Schuldzuweisungen verzichten. Wenn Eltern eingreifen und möglicherweise eine Bestrafung erfolgt, muss für Kinder eine Verbindung zum Vorausgegangenen erkennbar sein.

Kinder haben vielfältige Möglichkeiten, das Streiten auszuprobieren und Konflikte zu lösen. Welche Streitmuster und Konfliktlösungsstrategien das Kind lernt, hängt aber sehr stark von der Streitkultur ab, die es von seinen Eltern gelernt hat. Es gibt bestimmte Formen des Konfliktlösungsverhaltens, die dem Kind in der Familie vorgelebt werden:

1. Abschirmung gegenüber den Konflikten der Erwachsenen: In manchen Familien gilt, Streit auf gar keinen Fall vor den Kindern auszutragen. Folglich bekommen Kinder nie wichtige Grundmuster sozialer Interaktion vorgelebt – nämlich, wie sich Erwachsene kreativ mit Konfliktsituationen auseinandersetzen – und können es später auch nicht nachahmen. Sie müssen sich stattdessen mühsam eigene Konfliktbewältigungsstrategien erarbeiten.

2. Die Strategie der Konfliktvermeidung: Wer diese Strategie aus seiner Kindheit übernommen hat, der versucht auch als Erwachsener, jeden Konflikt zu vermeiden, was dazu führt, dass Konfliktthemen unausgesprochen bleiben aus Angst vor einer Auseinandersetzung. In der Folge entsteht eine künstliche Harmonie, die Frust, Gleichgültigkeit und Resignation erzeugt. Ärger still in sich hineinzufressen bringt nichts. Das ist so, als würden Sie die Klagen in einen Sack füllen, bis er eines Tages randvoll ist und platzt; oder frustrierte Menschen resignieren und praktizieren die innere Kündigung, die ja eine stumme Verweigerungshaltung ist.

3. Rückzug: Obwohl ein Konflikt besteht, wird er nicht ausgetragen, weil man meint, es bringe ja doch nichts, oder weil man einfach nicht kämpfen will. Man läuft buchstäblich davon oder sitzt den Konflikt aus. Man ist der Meinung, das regele sich schon mit der Zeit. Zu dieser Strategie neigen konfliktscheue Menschen. Dieses Muster kann schon in der Kindheit und Jugendzeit beobachtet werden, wenn sich ein Kind häufig beleidigt zurückzieht, also die »beleidigte Leberwurst« spielt. Es hofft natürlich insgeheim, dass der andere, dem man böse ist, wieder auf es zugehen würde, das heißt, dass andere die Arbeit der Konfliktlösung leisten.

4. Der Streit mit emotionaler Eskalation: Streit hat fast immer eine Eigendynamik – die Konfliktparteien reden miteinander in der Du-Sprache und machen dem anderen Schuldgefühle und Vorwürfe à la »Du bist schuld«. Es ist die Sprache des Ärgers, der Wut und der Abwertung. Die Stimmen werden lauter, die Tonlage wird höher oder schriller, aus dem Gespräch wird ein Wortwechsel und daraus ein Wortgefecht, bis die Argumente nicht mehr durch Worte ausgetauscht werden, sondern durch fliegende Teller und knallende Türen. Dann ist ein Streit entgleist und die Chance einer konstruktiven Auseinandersetzung vertan.

Wie aber kommt es zu derartigen Entgleisungen? Der Weg zur konstruktiven Auseinandersetzung führt über die Kommunikation, die immer auf zwei Ebenen abläuft: auf der Sach- und auf der Beziehungsebene. Auf der Sachebene werden rationale, logische, so genannte sachbezogene Informationen mit dem Kopf aufgenommen. Auf der Beziehungsebene werden die nicht gesprochenen Informationen »über den Bauch« aufgenommen, also Wünsche, Empfindungen und Sympathie. Niemand kann sich diesem Ablauf entziehen, denn sobald man einen Menschen hört und sieht, werden sachliche und emotionale Informationen abgerufen, die unbewusst zu Vergleichen mit vorhandenen Erfahrungen führen. Für die Konfliktlösung bedeutet das, dass man lernen muss, mit den eigenen Emotionen und mit denen des anderen umzugehen.

5. Gewalt als untaugliches Mittel, Konflikte zu lösen: Es gibt Familien, in denen ein Streit regelmäßig eskaliert und zunächst in verbale und später in körperliche Gewalt übergeht. Wer das als Kind immer wieder erlebt hat, wird nichts dabei finden, wenn nicht nur die Stimme, sondern die Hand erhoben wird. Kinder lernen dann, dass Faustrecht über alles entscheidet und man damit Oberwasser bekommt. »Schlagende Verbindungen« vererben sich, oft sind schlagende Eltern selbst als Kind geschlagen worden und geben dieses Muster unreflektiert ihren Kindern weiter, weil sie keine anderen Strategien kennen gelernt haben.

Fassen wir zusammen:

• Auseinandersetzungen und Streit gibt es in (fast) allen Familien.

• Die Kinder werden stark beeinflusst von der Streitkultur der Eltern, also deren Konfliktlösungsverhalten.

Das gilt auch für Patchworkfamilien. Aber es gibt doch einige Besonderheiten.

Zunächst ist wieder die innerfamiliäre von der zwischenfamiliären Sicht zu unterscheiden.

Das innerfamiliäre Konfliktlösungsverhalten

In dem Beziehungsgeflecht einer Patchworkfamilie, in der man den anderen zunächst weder einschätzen noch auf gemeinsame Erfahrungen zurückgreifen kann, zeigen sich oft gravierende Unterschiede im Auseinandersetzungsverhalten und in der Streitkultur, denn jeder bringt eine andere Prägung und unterschiedliche Erfahrungen mit. Wer in einem so komplizierten Familiengebilde lebt, muss sich um eine Harmonisierung des Konfliktlösungsverhaltens bemühen und versuchen, die Beweggründe und Sprache des anderen zu verstehen.

Alle Patchworkeltern wünschen sich, dass sich ihre Kinder gut vertragen, aber oft genug klaffen Wunsch und Wirklichkeit auseinander.

Elena, 37: *»Unsere beiden Söhne, einer davon ist mein achtjähriger Sohn, der andere der elfjährige meines zweiten Mannes,*

84

schaffen es kaum, zusammen zu sein, ohne dass sie sich in die Wolle geraten. Ihre Dialoge haben inzwischen eine Eigendynamik bekommen. Meistens provoziert der Jüngere seinen älteren Stiefbruder mit seinem herausfordernden Benehmen. Er stöbert gelegentlich in den persönlichen Sachen seines Stiefbruders herum und hinterlässt am Ende ein totales Chaos, was natürlich Ärger produziert. Der Ältere entlädt seine Wut in verbalen Attacken: »Du bist behindert«, »Du Strohkopf«, »Du Arschloch« *usw. Manchmal endet es sogar in einer Prügelei. Bei Tisch verlangen mein Mann und ich, dass beide ihre Kämpfchen aufgeben und sich vernünftig benehmen, um die Spirale der destruktiven, negativen Kommunikation zu unterbrechen. Das gelingt aber nur selten. Die kleinste Kleinigkeit führt dann erneut dazu, den Kleinen verbal zu attackieren.«*

Das Beispiel zeigt, dass der Streit entartet ist. Der ältere Sohn redet in der »Du-Sprache«. Es ist die Sprache des Ärgers, der Wut und der Abwertung.

Natürlich kommen solche Auseinandersetzungen auch unter leiblichen Geschwistern vor. Bei leiblichen Geschwistern darf aber, trotz allen Streits, unterstellt werden, dass sie eine gewachsene Bindung zueinander haben und sich eigentlich lieben. Leibliche Geschwister haben eine gemeinsame Geschichte, den gleichen »Stallgeruch«, und sie sind bereits erprobt als Rivalen und Vertraute, weil sie bereits viel miteinander erlebt haben und sich daher besser einschätzen können.

Unter Stiefgeschwistern muss man sich gegenseitig erst vorsichtig abtasten und kennen lernen.

Rita, 45: *»Meine Tochter bekommt an Besuchswochenenden oft mit, dass sich ihr Papa und seine neue Frau streiten. Mein Ex kann sehr viel und lange schlucken. Wenn dann aber das Fass voll ist, dann wird er richtig jähzornig.*

Ich habe meiner harmoniebedürftigen Tochter erklärt, dass es verschiedene Streitkulturen gibt. Bei einigen wird es mal richtig

laut, dann ist die Wut draußen und dann ist es gut. Andere strei-
ten leise aber unterschwellig und viel länger. Das kann auf die
Dauer viel belastender sein. Meine Mutter hat das mit mir ge-
macht und ich fand das schlimm. Mir wäre die laute Variante lie-
ber gewesen. Wichtig ist aber meines Erachtens, dass die Kinder
mitbekommen, dass sich das Paar wieder versöhnt und dass aus
einem Streit auch eine Lösung hervorgeht.«

Kinder erhalten ihren ersten Zugang zur Welt über die Familie.
Im familiären Zusammenleben werden die ersten grundlegenden
Weltbilder ebenso vermittelt wie Wertschätzung und Missachtung. Es entstehen Modelle für Konfliktregelungen, und Interak-
tionsmuster verfestigen sich. Dabei spielt auch das gesellschaftliche Umfeld eine große Rolle.

Dass es möglich ist, ein neues Konfliktlösungsverhalten zu
erlernen, dafür steht das Beispiel von Michaela aus Kapitel 3
(Seite 48): Michaela hatte Probleme mit den Tischmanieren ihrer
beiden Stiefsöhne und – statt sich ständig über deren Provokatio-
nen zu ärgern – holte sich kompetente Hilfe von einer Erziehungsberaterin. Während Michaela früher »anständiges« Benehm-
men gefordert und damit die Protesthaltung ihrer Stiefsöhne
verstärkt hatte, lernte sie eine neue Strategie.

Michaela: *»Die Dame kam kurz vor dem Mittagessen und setzte*
sich mit an den Tisch, ohne aber mitzuessen. Zwischendurch
warf sie eine Frage in die Runde oder gab mal ein Statement zu
einem Gesprächsthema ab. Für die Kinder war es ungewohnt.
Die Jungen benahmen sich während den Mahlzeiten vorbildlich.
Vorführeffekt. Dennoch hat die Erziehungsberaterin einige mei-
ner zuvor genannten Muster erkannt. In einem anschließenden
Gespräch mit mir ging es hauptsächlich um meine Fehler und
um Verbesserungsvorschläge. Zudem half sie mir, das Verhalten
und die Körpersprache der Jungen zu interpretieren: Wann ist es
typisch pubertäres Gehabe, wann zeigen sie Frust oder Provoka-
tion?

Ich erkannte während dieses Beratungsgesprächs auch, dass ich zu perfektionistisch bin und zu viele Erwartungen habe, mit denen ich die Jungen überfordere und die sie gar nicht erfüllen können.

Statt mich zu ärgern und das Benehmen der Kinder bei Tisch zu kritisieren, versuche ich nun, ihre schlechten Tischmanieren zu ignorieren, aber selbst mit gutem Beispiel voranzugehen. Ich kritisiere nicht mehr, sondern wende verstärkt das Belohnungssystem an, indem ich jedes gute Verhalten lobe und den Kindern etwas Besonderes in Aussicht stelle.«

Das Beispiel zeigt, dass Kinder aus zwei verschiedenen Familien unterschiedliche Erziehungsstile erlebt haben und dadurch unterschiedlich geprägt wurden. Wenn Patchworkeltern versuchen, ihnen mit Druck und Androhung von Strafen »Manieren« beizubringen, endet das mit massivem oder subtilem Widerstand.

Die konfliktfreie Lösung besteht darin, die Gegensätze, mit denen man es in Patchworkfamilien zu tun hat, anzuerkennen und zu tolerieren.

Wortlos durch eigenes gutes Vorbild eine Veränderung herbeizuführen, ist empfehlenswerter, als ein bestimmtes Verhalten einzufordern, denn auch Stiefeltern hinterlassen auf Dauer durch liebevolles, konsequentes Verhalten eine Prägung.

Das zwischenfamiliäre Konfliktlösungsverhalten

Parallele Elternschaft und Elternarbeit führt auch getrennte Eltern und deren Folgefamilien zwangsläufig immer wieder zusammen. Dass eine Erweiterung des Familiensystems Konfliktlösung nicht leichter macht, ist nachvollziehbar. Wie beispielsweise Erziehungskonflikte gelöst werden, hängt entscheidend davon ab, wie die Trennung der Eltern verlaufen ist und ob sie konstruktiv miteinander kooperieren oder einander subtil blockieren.

Bei der Wahrnehmung paralleler Elternschaft ergeben sich mitunter Konflikte, die noch mit den unverarbeiteten Gefühlen der Trennung zu tun haben. Indirekt – über das Kind – werden Auseinandersetzungen ausgetragen, die eigentlich verspätete Ehekriegsspiele sind und die dazu führen, den anderen Elternteil zum Beispiel über Boykott der einst gemeinsam beschlossenen Vorgehensweise im Konfliktfall zu treffen. Es sind subtile Machtspiele, die den wunden Punkt, den Expartner ja sehr genau kennen, attackieren.

Bianca, 35: »*Mein Exmann und ich hatten uns in Bezug auf viele Konfliktpunkte wie zum Beispiel Hausaufgaben, Computerspiele und Fernsehkonsum unseres achtjährigen Sohnes geeinigt und auch gemeinsam beschlossen, dass Hausaufgaben Vorrang haben und dass nach dem Prinzip ›Erst die Arbeit, dann das Spiel‹ vorgegangen werden soll. Wir hatten uns auch darüber verständigt, dass unser Sohn Computer- und Fernsehverbot bekommt, wenn Beschwerden von der Schule kämen und seine Leistungen nachließen. An diese Abmachungen hat sich mein Exmann aber nicht gehalten.*

Als mein Sohn neulich vom Besuchswochenende in der neuen Familie meines Exehemannes zurückkam, erzählte er in kindlicher Unbefangenheit, dass er abends mit den anderen Kindern einen spannenden Krimi sehen durfte. Ich rief daraufhin sofort meinen geschiedenen Mann an und drückte meine Enttäuschung darüber aus, dass er unsere gemeinsamen Erziehungsregeln boykottiere bzw. unterlaufe. Mein Exmann bestritt, dass unser Sohn bei ihm einen Krimi gesehen habe.«

Der Exmann reagierte so wie früher. Er fühlte sich seiner Frau stets unterlegen, und um schnell Ruhe zu bekommen, hatte er etwas zugesagt, was er später aber nicht einhielt. Er war schon immer konfliktscheu und bestritt im Zweifelsfall alles. Dieses Verhalten hat sich nicht geändert, wie das Beispiel zeigt.

Dieses Beispiel zeigt ferner, dass der Konflikt, der sich zwischen den Expartnern abspielt, nicht einfach zu lösen ist, denn ob der Vater sich an gemeinsam getroffene Vereinbarungen hält, ist Vertrauenssache. Bianca kann nicht unmittelbar überprüfen, ob sich der Vater des gemeinsamen Sohnes an Vereinbarungen hält, sondern erfährt eher zufällig, wie ihr Exmann sich verhält. Sie ist natürlich sehr getroffen und sauer auf ihren Exmann. Wie kann der Konflikt gelöst werden? Bianca befindet sich in einer Zwickmühle. Würde sie auf einer Gegenüberstellung von Vater und Sohn bestehen, um zu klären, wer hier die Unwahrheit sagt, würde sie zumindest auf einer Seite einen Gesichtsverlust provozieren. Am Ende ist der Vater sauer auf seinen Sohn und der Sohn irritiert, weil er doch nur die Wahrheit gesagt hat und sein Vater ihn beschuldigt, gelogen zu haben. Die Vertrauenskrise wäre perfekt.

Beiden Eltern ist offensichtlich nicht klar, dass die Nichteinhaltung von Erziehungsregeln etwas mit ihrer noch nicht verarbeiteten Vergangenheit zu tun haben könnte. Das Beispiel macht aber deutlich, dass hier eine Übertragung oder Verlagerung stattfindet vom früheren Konfliktfeld Ehe zum heutigen Konfliktfeld Erziehung. Da es für ein Kind aber wichtig ist, dass Erziehende an »einem Strang« ziehen, könnte eine Lösung dieses Konflikts darin bestehen, dass Bianca und ihr Exmann sich zum Wohl ihres gemeinsamen Sohnes eine Mediation gönnen, bei der ein außenstehender Familientherapeut einen Blick auf die noch vorhandenen, verborgenen Konflikte der Eltern wagt und ihnen dabei hilft, die Verletzungen der Vergangenheit zu überwinden, und mit ihnen gemeinsam eine Lösung zum Wohl ihres Kindes nach dem »Win-Win-Prinzip« erarbeitet. Eine »Erfolgskontrolle« ist in größeren Abständen erforderlich, um unter professioneller Anleitung miteinander im Gespräch zu bleiben.

Rituale erleichtern das Zusammenleben

Rituale sind bestimmte symbolhaltige Interaktionen mit der Umwelt. Erst der höhere Sinn, mit dem eine Handlung verbunden wird, macht aus der immer gleichen Handlung ein Ritual. Es gibt religiöse, familiäre und gesellschaftliche Rituale. Zu den religiösen Ritualen zählen Taufe, Kommunion, Konfirmation, Beichte, Firmung und Eheschließung. Die alltäglichen festen Verhaltensmuster sind dagegen weniger streng organisiert. Die Variationsfreiheiten sind größer. In einem weiteren Sinn kann man diese kleinen Gesten des Alltags auch als Rituale verstehen.[22]

In Familien bestimmen Rituale die Art, Feste wie Geburtstage oder Weihnachten zu feiern. Zu der Gruppe der Familienrituale gehören aber auch alltägliche wiederkehrende Handlungsabläufe, durch die eine positive Botschaft ausgedrückt werden soll, wie die Umarmung oder der Abschiedskuss. Als ein Ritual kann man es auch bezeichnen, wenn der Ehemann seiner Frau zum Wochenende Blumen mitbringt oder ihr sonntags ein gemeinsames Frühstück im Bett serviert. In manchen Familien mit herkömmlicher Mann-Frau-Rollenaufteilung übernimmt beispielsweise der Familienvater am Wochenende stets das Kochen, um seine Frau zu entlasten.

Neben familiären gibt es gesellschaftliche Rituale, zum Beispiel die Begrüßung per Handschlag.

Indem Rituale auf vorgegebene Handlungsabläufe und bekannte Symbole zurückgreifen, vermitteln sie Halt und Orientierung. Rituale werden als wohltuend und beruhigend empfunden, sie stärken den Körper, die Seele, den gesellschaftlichen und familiären Zusammenhalt.

Rituale gibt es in allen Kulturen. Wenn beispielsweise in Äthiopien ein Junge zum Mann wird, versammeln sich seine Verwandten im Morgengrauen mit der Rinderherde auf einem großen Platz. Die Frauen tanzen, die Männer halten die Tiere zusammen. Kurz vor Sonnenaufgang werden die Rinder gepackt und in eine Reihe gestellt. Der Junge, der zuvor schon eine Reihe an Prüfungen bestanden hat, läuft viermal über die Rücken der Rinder. Danach wird ihm der Kopf rasiert, er bekommt eine Perlenkette, wird gesegnet und als neuer Mann gefeiert. Auch wir haben in unserer Kultur viele Rituale. Wenn ein Kind die Schultüte in der Hand hält, wird für alle klar, dass es die Kleinkindphase beendet hat und ein neuer Lebensabschnitt beginnt. Wenn eine Frau und ein Mann sich bei der Trauung Ringe an die Finger stecken, wird damit symbolisiert, dass sie zusammengehören. Und wenn ein Kranz auf einem Giebel hängt, sieht die ganze Nachbarschaft, dass der Rohbau erfolgreich abgeschlossen ist.

Rituale entfalten nur dann ihre heilsame Wirkung, wenn sie mit der Lebenswirklichkeit der Teilnehmenden übereinstimmen und innerlich vollzogen werden. Wenn beim Hirtenvolk in Äthiopien die Viehzucht aufgeben und das Einkommen als Fabrikarbeiter erwirtschaftet würde, dann wäre das oben beschriebene Ritual sinnentleert, geriete sicherlich bald in Vergessenheit oder mutierte zu reiner Folklore.

In unserer entritualisierten Zeit wird eine Sehnsucht nach Ritualen spürbar.[23] Rituale werden wieder gesellschaftsfähig. Menschen spüren die Leere und Verlorenheit in ihren sozialen Bezügen. Sie suchen nach dem Platz, den sie in dieser Welt haben, und verlangen nach symbolischen Handlungen, die ihnen Struktur, Bedeutung und Verbundenheit geben.

Vielleicht erinnern Sie sich an den Film »Morgens um sieben ist die Welt noch in Ordnung« aus dem Jahr 1968: Ein kleiner Junge erlebt diese morgendlichen Stunden in Harmonie mit sich selbst, seiner Familie und der Natur. Verglichen mit den heutigen Verhältnissen, drängt sich der Eindruck auf, dass der Film ein sozialromantisches Wunschbild transportieren möchte, denn morgens um sieben ist die Welt für viele Kinder und Jugendliche durchaus nicht so in Ordnung, wie es der Erfolgsfilm suggeriert. Als Lehrerin konnte ich in vielen Gesprächen mit Schülern feststellen, dass aufgrund schwieriger sozialer Strukturen der Start in den Morgen nicht immer positiv geprägt ist. Nicht alle erleben ganz selbstverständlich ein gemeinsames Frühstück mit ihren Familien am gedeckten Tisch. Die einen müssen allein klarkommen, weil deren Eltern bereits sehr früh als Berufspendler das Haus verlassen haben. Die anderen haben bereits morgens heftige Auseinandersetzungen mit den Eltern oder Geschwistern. Wieder andere sind vom Schultag mit seinen Anforderungen so überfordert, dass sie den Tag mit negativen Gedanken und Gefühlen beginnen. Es gibt für jeden Menschen individuelle alltägliche Rituale, die er schätzt. Der immer wiederkehrende Rhythmus der Rituale verhilft dazu, den Tag gut zu starten und zu strukturieren. Aber genauso wichtig, wie den Tag gut zu beginnen, ist es, den Tag gut abzuschließen. Das Morgen- und das Abendritual helfen, den Tag besser und bewusster in den Griff zu bekommen.

Gerade Patchworkfamilien brauchen Rituale für ihr neues Familienleben, weil sie Berechenbarkeit, Sicherheit, Zugehörigkeit, Orientierung und Stabilität schaffen. Rituale erleichtern die Neuordnung der Familie. Rituale sind, so wie wir sie hier verstehen, die Eckpfeiler eines Gebäudes, das »Erziehung« heißt.

Sie verhelfen dazu, dass jedes Familienmitglied eine klare Position erhält und sich alle Beteiligten in diesem zunächst noch unbekannten System sicher bewegen können. Schafft man es, eine klare Familienchoreographie zu entwerfen, dann wird alles leichter. Die neue Familie trifft sich und geht wieder auseinander, und das in einem gewissen Rhythmus und einem bestimmten Tempo. Jeder weiß um die Schritte des anderen und um die eigenen Drehungen. Das ist wie ein Tanz, den man einstudieren muss. Wenn man ihn einmal beherrscht, kann man ihn im Schlaf und er stellt dann keine Belastung mehr dar.

Ein bekanntes Ritual ist in manchen Familien mit noch kleineren Kindern die *Märchenstunde*. Ob es nun die selbst ausgedachte Geschichte ist oder ein Märchen aus dem Buch, das Vorlesen am Abend ist ein schönes Einschlafritual. Die Stimme von

Mama oder Papa wirkt beruhigend auf Kinder und wenn angenehme Musik im Hintergrund läuft, wirkt die Vorlesezeremonie noch entspannender.

In anderen Familien ist es üblich, den Tag mit einer *Plauderrunde* auslaufen zu lassen. Viele Kinder genießen es, nach dem gemeinsamen Abendbrot noch einmal den Tag Revue passieren zu lassen. Fragen wie »Was hast Du erlebt?«, »Was war besonders lustig oder schön?«, »Was hat dich geärgert?« oder »Was willst du morgen machen?« lassen den Tag ausklingen und den nächsten erwarten.

Mehr als in herkömmlichen Familien kann es in einem Patchwork-Familiensystem zu Meinungsverschiedenheiten der einzelnen Mitglieder darüber kommen, ob und welche Rituale akzeptiert werden. Damit man denjenigen, die mit bestimmten Ritualen nichts anfangen können, nicht etwas Fremdes aufzwingt, ist es erforderlich, sich abzustimmen. Das wird besonders deutlich, wenn man an Weihnachten denkt: In manchen Familien ist es auch heute noch üblich, gemeinsam zur Christmette zu gehen, danach vor der Krippe zu beten und zu singen und anschließend einander zu bescheren. Gehören die Mitglieder einer Patchworkfamilie verschiedenen Konfessionen an, ergibt sich zum Beispiel die Frage: Gehen wir zum evangelischen oder zum katholischen Weihnachtsgottesdienst? Und wieder andere fragen sich, ob sie überhaupt zur Christmette gehen sollen.

Auch für nicht religiös bestimmte Zusammenkünfte wie Familienfeste ist nach von allen akzeptierten Regeln für den Ablauf zu suchen. Es ist notwendig, eventuell neue Formen des gemeinsamen Feierns zu finden, mit denen sich jeder identifizieren kann (ausführlicher dazu siehe Kapitel 5).

Die besondere Herausforderung für Patchworkeltern besteht in der Durchsetzung gemeinsamer *Rituale im alltäglichen Ablauf,* zum Beispiel:

- die wöchentliche Auszahlung des Taschengeldes,
- das gemeinsame Mittagessen,

- die samstägliche Fahrt zum Getränke- oder Baumarkt,
- ein Abonnement in einem Fußballclub und damit der regelmäßige Besuch von Fußballspielen,
- eine besondere Belohnung am Zeugnistag, zum Beispiel Besuch eines Freizeitparks oder Kauf eines Buches oder einer DVD,
- gemeinsame Bastelstunden, gemeinsame musische oder sportliche Aktivitäten,
- an bestimmten Tagen den Kindern ein Wunschessen kochen,
- kleineren Kindern Gutenacht-Geschichten am Abend vorlesen, mit größeren Kindern abends über ihren Tagesablauf sprechen,
- in gläubigen Familien täglich miteinander beten,
- sonntags mit den Kleinen »Die Sendung mit der Maus« sehen und mit ihnen darüber sprechen.

Auch ein Wochenendvater, der seinen Sohn zum Besuchswochenende abholt, mit ihm jeweils am Sonntag um 11 Uhr zum Brunch geht oder mit ihm regelmäßig eine Radtour macht und anschließend mit ihm bei McDonald's essen geht, bietet seinem Sohn über ein Ritual emotionale Sicherheit. Der Sohn kann sich darauf einstellen und hat oft schon Vorfreude auf das, was er mit seinem Vater an Besonderheiten erlebt, die ansonsten im Alltag nicht vorkommen.

Gemeinsam ist allen diesen Aktivitäten einerseits, dass sie regelmäßig stattfinden, sodass die Kinder damit rechnen können, und andererseits, dass sie die Kinder belohnen, sodass sie sich auf diese Aktivitäten freuen können.

Es ist davon auszugehen, dass in der Mutter-Patchworkfamilie andere Rituale gepflegt werden als in der Vater-Patchworkfamilie.

Nehmen wir beispielsweise an, die Kinder besuchen ihren Vater alle 14 Tage. Dann wird sich der Vater viel Zeit für sie nehmen, mehr vielleicht, als er es früher zur Ehezeit gekonnt oder gewollt hatte, und er wird sich sehr um einen interessanten, angenehmen Aufenthalt bemühen. Der Besuch wird selbst zum Ritual! Zurückgekommen zu ihrer Mutter, herrscht wieder Alltag. Aber ist das so schlimm? Die Kinder erkennen durchaus, welche Regeln in welcher Familie gelten. Wir sollten sie nicht unterschätzen.

Dass es für die Kinder jedoch auch problematisch sein kann, wenn in den Teil-Patchworkfamilien unterschiedliche Rituale gepflegt werden, lesen Sie im Kapitel 5 ab Seite 105.

Hilfen und Unterstützung für erziehende Eltern

Die hohen Zuschauerquoten der inzwischen wohl bekanntesten Expertin für Elternbildung, der »Super Nanny« in der gleichnamigen RTL-Serie, zeigen, dass seitens der Eltern großes Interesse an Hilfestellung in Fragen der Kindererziehung besteht. Dank dieser Fernsehserie ist das Thema Erziehung ins öffentliche Bewusstsein gerückt.

Sicher wollen alle Eltern das Beste für ihre Kinder, aber viele Eltern erkennen auch ihre eigenen Erziehungsschwächen und sind auf der Suche nach Hilfen und Unterstützung. Sie studieren Erziehungsratgeber, nutzen Beratungsangebote und besuchen Elternkurse.

Folgende Erziehungshilfen werden angeboten:

1. Elternschulen,
2. »Fünf Säulen der Erziehung«,
3. Unterstützung durch das Bundesministerium für Familie, Senioren, Frauen und Jugend,
4. professionelle Familienberatung.

1. Elternschulen

Viele Städte bieten in Kooperation mit dem Kinderschutzbund Elternschulen an, um Eltern für die Bedürfnisse ihrer Kinder zu sensibilisieren, sie auf familiensystemische Zusammenhänge aufmerksam zu machen und ihnen alternative, gewaltfreie Handlungsoptionen für den Erziehungsalltag zu vermitteln. Solche Kurse helfen, das Selbstbewusstsein der Eltern zu stärken. Die Eltern machen sich bewusst, was ihnen in der Erziehung wichtig ist.

Voraussetzung für eine gute Erziehung ist aber, zuvor die Eltern-Kind-Beziehung zu analysieren, denn primär geht es darum, Kinder zu verstehen, und nicht darum, etwas zu erzwingen. Eltern fällt es in der Regel schwer, ihren Kindern Vorbild zu sein, wenn sie selbst als Kinder keine positiven Erziehungsvorbilder hatten. Eltern, die in der Elternschule erfahren, respektvoll wahrgenommen und angehört zu werden, können lernen, sich selbst und ihre Kinder als Subjekte mit eigenen Rechten zu achten.

Die Lösung der Erziehungsprobleme wird in der Elternschule aber nicht wie bei der »Super Nanny« vorgegeben, sondern entsprechend der jeweiligen Familiensituation mithilfe eines pädagogischen Beraters mit den Eltern gemeinsam entwickelt.

Ziel von Elternschulen, die fast in jeder Stadt unter dem Slogan »Starke Eltern – Starke Kinder« beworben werden, ist es, verunsicherte Eltern für die Erziehung ihrer Kinder zu stärken.

Was erwartet Sie in einer Elternschule? Die Eltern treffen sich meist an zehn Abenden von 19 bis 22 Uhr, um über Kindererziehung zu diskutieren und Verhaltensweisen für ein harmonisches Familienleben zu lernen.

Nach einer kurzen theoretischen Einleitung, in der klare Kommunikationsregeln für das Familienleben bestimmt werden, stellen Rollenspiele den Bezug zum Alltag her.

Ein Ziel ist es, Eltern dafür zu sensibilisieren, den Kindern einfühlsam zuzuhören. Wenn Eltern aktiv zuhören, kann sich das

Kind ernst genommen fühlen, und oft findet sich bereits beim Reden eine Lösung für sein Problem.

Außerdem gibt es weitere Themen wie beispielsweise »Achte auf die positiven Seiten deines Kindes« oder »Zum Wachsen braucht man Anerkennung, Liebe und Vertrauen«.

Wie in einer richtigen Schule bekommen auch die Teilnehmer der Elternschule jede Woche eine Elternaufgabe, die anschließend besprochen wird, zum Beispiel, wie man bewusst mit Lob und Tadel auf das Verhalten der Kinder reagieren sollte.

Adressen von Elternschulen können erfragt werden beim Gesundheitsamt, Jugendamt oder Kinderschutzbund Ihrer Stadt/Region.

Claudia, 39: *»Ich habe mich auf das Abenteuer Patchworkfamilie eingelassen und mich dabei überschätzt. Ich lebte mit meiner inzwischen 13-jährigen Tochter nach dem Scheitern meiner Ehe jahrelang allein. Irgendwie hatten wir uns in unserem neuen Leben ganz gut eingerichtet. Eines Tages veränderte sich alles. Ich begegnete einem Mann und verliebte mich in ihn. Er war auch geschieden und hatte zwei Söhne, die bei ihm lebten. Nach einiger Zeit beschlossen wir, zusammenzuziehen.*

Ab dem Zeitpunkt verschlechterte sich die Beziehung zu meiner Tochter. Sie kapselte sich von mir ab. Wahrscheinlich wollte sie mich dafür bestrafen, dass ich ihr das Leben in einer Patchworkfamilie zumutete.

Sie ging morgens an mir vorbei und ignorierte mich, wenn ich ihr einen guten Morgen wünschte. Damit kam ich nicht klar. Außerdem nervten mich die ständigen Revierkämpfe zwischen den Kindern meines Mannes und meiner Tochter.

Um mir Anregungen zur Lösung dieser schwierigen Situation zu holen, besuchte ich eine Elternschule. Das regelmäßige Treffen und der Austausch mit den anderen Eltern helfen mir, zu erkennen, dass nicht nur ich Probleme habe, sondern dass es auch in ›normalen‹ Familien Probleme gibt.

In meiner Familie hat sich zwar nicht viel geändert, aber ich habe gelernt, mit den besonderen Herausforderungen einer Patchworkfamilie gelassener umzugehen.«

Wie dieses Beispiel zeigt, wird sich durch den Besuch einer Elternschule zwar nicht alles schlagartig verändern und verbessern, aber ein Austausch mit anderen Eltern ist insofern hilfreich, als es mit Perspektivwechsel oft einfacher ist, souveräner mit den besonderen Herausforderungen einer Patchworkfamilie umzugehen.

Lisa, 38: *»Auch ich besuche eine Elternschule und hatte die Aufgabe, mit Lob oder Tadel auf das Verhalten meines Stiefsohnes zu reagieren. Leider hatte ich während der Woche, in der das geübt werden sollte, nur negative Eindrücke. Dominik hat mich sehr enttäuscht, indem er mich belogen hat. Ich konnte ihm einfach kein positives Feedback geben. Mein ›Fall‹ wurde von der Kursleiterin analysiert und es wurden mir Möglichkeiten aufgezeigt, wie ich damit umgehen könnte. Vorwurfsvolle und verallgemeinernde Ansprachen seien Gift. Stattdessen solle man Ich-Botschaften verwenden wie zum Beispiel ›Für mich ist es schwierig, dein Verhalten zu verstehen‹. So verhindere man, dass das Kind Widerstand aufbaue. Es hat mir sehr geholfen, Alternativen angeboten zu bekommen und nicht hilflos resignieren zu müssen und damit einen negativen Kreislauf in Gang zu setzen.«*

Elternschulen sind ein Angebot für verunsicherte Eltern, insbesondere Patchworkeltern. Sie fördern ihre Erziehungskompetenz und unterstützen sie darin, mutig zu sein und ihrem Gefühl zu vertrauen.

2.»Fünf Säulen der Erziehung«

Verunsicherte oder überforderte Eltern können sich aber auch über das Erziehungskonzept von Prof. Tschöpe-Scheffler, Direktorin des Instituts für Kindheit, Jugend und Familie an der Fachhochschule Köln, Anregungen holen. In ihrem Erziehungsratgeber[24] weist Tschöpe-Scheffler darauf hin, dass Gebrauchsanleitungen in der Erziehung nicht wirklich helfen. Es komme nicht darauf an, in der Erziehung keine Fehler zu machen, sondern sie zu erkennen und zu korrigieren, und das jeden Tag neu. Es scheine an der Zeit, sich der Eckpfeiler der Erziehung zu erinnern.

Ausgehend von den Diskussionen zu Erziehungsfragen, die charakterisiert seien von Begriffen wie »Erziehungsnotstand« oder gar »Erziehungskatastrophe«, hat die Autorin Kriterien für eine »gute Erziehung« entwickelt. Die Autorin arbeitet dabei *fünf entwicklungsfördernde Faktoren der Erziehung* heraus, nämlich:

- emotionale Wärme, Achtung und Respekt, Kooperation, Struktur und Verbindlichkeit, allseitige Förderung,

und stellt ihnen *entwicklungshemmende Faktoren* gegenüber:

- emotionale Kälte oder Überhitzung, Missachtung, Dirigismus, Chaos und Beliebigkeit, einseitige und mangelnde Förderung.

Das erarbeitete Modell liefert Strukturelemente, mithilfe derer Eltern ihr Verhalten und ihre Einstellungen reflektieren können. An sich handelt es sich um altes Erziehungswissen, das sich an den Entwicklungsbedürfnissen von Kindern orientiert und hier aber systematisiert wurde. Danach bestimmen *fünf Säulen*, die das Kind in seiner Entwicklung fördern, eine optimale Erziehung:

- *Liebe:* Die Kinder werden mit Wärme erzogen. Trost, Lächeln, eine wohlwollende Atmosphäre und liebevolle Körperkontakte gehören zum Erziehungsalltag.
- *Achtung:* Das Kind bekommt Anerkennung und Lob für seine Leistungen und wird mit Respekt behandelt. Auf die Bedürfnisse des Kindes wird eingegangen, die Eltern verbringen Zeit mit ihrem Kind.
- *Kooperation:* Indem dem Kind Verantwortung übertragen wird und ihm Freiräume zugestanden werden, wird seine Selbstständigkeit gefördert. Fehler werden akzeptiert.
- *Struktur:* Die Eltern verhalten sich konsequent, geben dem Alltag eine Struktur mit Grenzen, Ritualen und Regeln, auf die sich das Kind verlassen kann.
- *Förderung:* Das Kind wächst in einer Umgebung auf, die die Neugier anregt. Fragen des Kindes werden ernst genommen. Die Eltern vermitteln dem Kind Wissen in den Bereichen Natur, Wissenschaft und Religion.

3. Unterstützung durch das Bundesministerium für Familie, Senioren, Frauen und Jugend

Auch das Bundesministerium für Familie, Senioren, Frauen und Jugend hat erkannt, wie wichtig es ist, die Erziehungskompetenz der Eltern zu stärken. Alle Kinder verfügen über besondere Stärken, Talente und Neigungen. Die Erziehungskompetenz von Eltern zu fördern bedeutet daher, Eltern für die Stärken ihrer Kinder zu sensibilisieren und für sie die Rahmenbedingungen für eine gute Entwicklung zu schaffen.

Zur Unterstützung bietet das Ministerium an:

1) Elternbriefe: Von der Geburt eines Kindes bis zu seinem achten Lebensjahr erhalten Eltern in regelmäßigen Abständen insgesamt 46 Elternbriefe, die ihnen Beratung und Begleitung bieten, gerade in den ersten Jahren der Erziehung. Im Jahr 2005 wurden zwei weitere Elternbriefe herausgegeben, die sich mit Fragen der Pubertät befassen. Daneben fördert das Bundesministerium die *Peter-Pelikan-Elternbriefe*. Dabei handelt es sich um Erziehungshilfen für die ersten zehn Lebensjahre mit einer Fülle von nützlichen und praxisnahen Anregungen und Hilfen. Herausgegeben werden sie vom Peter Pelikan e.v., einem gemeinnützigen Verein mit Sitz in München, unterstützt vom Bundesministerium für Familie, Senioren, Frauen und Jugend sowie vom Bayerischen Staatsministerium für Arbeit, Sozialordnung, Familie und Frauen.

2) Elternkurse: Die vom Bundesministerium für Familie, Senioren, Frauen und Jugend unterstützten Elternkurse des Kinderschutzbundes »Starke Eltern – Starke Kinder« helfen Müttern und Vätern, Lösungsstrategien für Konflikte und Problemzeiten in der Familie zu entwickeln – mehr dazu siehe oben, Seite 96.

3) Online-Familienhandbuch: Zu den direkt auf Eltern, aber auch auf Multiplikatoren ausgerichteten Angeboten zählt das Online-Familienhandbuch, das vom Staatsinstitut für Frühpädagogik in München erarbeitet und vom Bundesministerium für Familie, Senioren, Frauen und Jugend gefördert worden ist. Es wird laufend ergänzt und bietet den Eltern eine Vielzahl von Artikeln zu unterschiedlichen Erziehungsfragen und Erziehungsbereichen, die online abgerufen werden können.

4) Elterntelefon: Das vom Bundesministerium für Familie, Senioren, Frauen und Jugend geförderte bundesweite Elterntelefon, die Nummer gegen Kummer e.V., ist ein Angebot an Mütter und Väter, sich unkompliziert konkrete Ratschläge zu holen. In ganz Deutschland sind Berater/innen unter der kostenlosen Rufnummer 0800 / 1110550 montags und mittwochs von 9–11 Uhr und dienstags und donnerstags von 17–19 Uhr erreichbar.

5) Online-Beratung für Eltern: Die vom Bundesministerium für Familie, Senioren, Frauen und Jugend unterstützte und von allen 16 Bundesländern finanzierte bundesweite Online-Beratung für Eltern der Bundeskonferenz für Erziehungsberatung ist das Beratungsangebot für Mütter und Väter im Internet. Dort können sich die Eltern im Forum oder Chat mit anderen Eltern und Fachkräften austauschen oder in einem ganz persönlichen »Gespräch« mit einer Beratungsfachkraft Hilfe holen. Das Angebot gilt bundesweit, ist gebührenfrei und anonym und 24 Stunden an 7 Tagen der Woche erreichbar.

6) Einzelberatung per E-Mail: Für Mütter, Väter, Kinder und Jugendliche bieten die Familien- und Jugendberatungsstellen der Caritas in einem regional aufgebauten Netzwerk diese Beratung an. Die Beratung durch die Fachkräfte der Stellen ist persönlich, gebührenfrei und anonym.

4. Professionelle Familienberatung

Bei sehr komplizierten Verhältnissen sollten Patchworkeltern nicht zögern, eine professionelle Beratung zu suchen. Eine Familienberatung hilft allen Beteiligten und unterstützt die Neuorganisation der Patchworkfamilie.

Manchmal kann es erforderlich sein, sich kompetente Hilfe zu holen, wie folgendes Beispiel zeigt.

Silke, 38: *»Ich lebe in einer ›Patchworkfamilie light‹. Mein Sohn aus erster Ehe lebt bei uns und hat sich gut integriert in das neue Familiensystem. Die beiden Kinder meines jetzigen Ehemannes leben bei ihrer Mutter und kommen nur zu Besuch. Trotzdem war es mir wichtig, alles dafür zu tun, um auch diese Kinder so gut wie möglich in unsere neue Familie zu integrieren. Das ging sogar soweit, dass ich für meine Stiefkinder die Geburtstagsfeiern ausrichtete, weil die leibliche Mutter in dieser Hinsicht wenig*

Initiative entwickelte. Auch gemeinsame Urlaube mit den drei Kindern standen schon auf dem Programm. Daran erinnere ich mich größtenteils mit Grauen. Vor allem Stieftochter Petra ignorierte meine Ratschläge. Wenn ich ihr sagte: ›Du solltest dich mit Sonnenschutz eincremen, bevor du ein Sonnenbad nimmst‹, tat sie es extra nicht nach dem Motto: ›Von dir lasse ich mir nichts sagen.‹ Abends ging es ihr dann schlecht, sie war puterrot und hatte einen Sonnenstich. Mein Mann als leiblicher Vater hält sich in Erziehungsfragen eher zurück. Er will in der wenigen Zeit, die er mit seinen Kindern verbringt, nicht zu streng sein, auch aus einem Gefühl des schlechten Gewissens heraus. Mit kleinen Tricks habe ich es irgendwann geschafft, ihn einzubeziehen. Im Nachhinein ist mir klar, dass ich mich an der Mutterrolle aufgerieben habe. Als ich nicht mehr konnte, haben mein Mann und ich professionelle Hilfe gesucht und gefunden. Uns wurde deutlich gemacht, dass sich in Erziehungsfragen ausschließlich der leibliche Vater um seine Kinder zu kümmern hat. Seitdem ich mit Hilfe professioneller Unterstützung ein anderes Bewusstsein entwickelt habe, geht es mir richtig gut. Ich habe eine Stiefmütterselbsthilfegruppe gegründet. Einmal im Monat treffen sich durchschnittlich fünf bis zehn Frauen und reden über ihre Erfahrungen und Probleme der letzten Wochen. Die fühlen sich dort verstanden, weil alle in der gleichen Situation leben, die sich keiner vorstellen kann, der in einer gewachsenen Erstfamilie lebt. Den meisten, die sich dort treffen, tut es gut, festzustellen, dass es den anderen auch so geht. Von vielen, die schon sehr lange in Patchworkfamilien leben, kann man auch viel profitieren. Ich habe gelernt, dass das, was hart erkämpft wurde, am Ende besonders wertvoll ist.«

5. Besondere Herausforderungen für Patchwork- familien

Urlaub mit der Patchworkfamilie

Endlich, die lang ersehnten Ferien sind da, an die alle sehr hohe Erwartungen knüpfen. Endlich ist die Zeit gekommen, in der man mal den täglichen Stress abschütteln und aus dem gewohnten Rhythmus ausbrechen kann. Während der Ferien hat man Zeit füreinander und muss nicht von einem Termin zum nächsten hasten. Und alles, was im Alltag vermisst wurde, wird nun endlich eintreffen, die Harmonie, das tolle Familienglück, viel Zeit füreinander.

Den meisten Menschen, das heißt, das gilt auch für »normale« Familien, ist leider nicht bewusst, dass illusionäre Erwartungen und die ungewohnte Dauernähe im Urlaub zu Problemen führen können. Viele haben die Erwartung, Vernachlässigtes nachzuholen: gemeinsame Unternehmungen, Entspannung, innige Nähe. Und natürlich soll alles harmonisch und unterhaltsam sein. So hohe Ansprüche werden selten erfüllt, die Enttäuschung mündet in Streit. Es muss zu denken geben, dass jede dritte Scheidung nach dem Urlaub eingereicht wird.[25] Hinzu kommt die ungewohnte Situation des Zusammenlebens auf engstem Raum rund um die Uhr und ohne gewohnte Rückzugsmöglichkeiten. Das bedeutet Stress. Neben Idealisierung und zu hohen Erwartungen leiden viele Paarbeziehungen und Familienangehörige im Urlaub unter einer Überdosis Nähe. Im Urlaub verbringt man zehnmal so viel Zeit zusammen wie sonst – die Zeit wird zur echten Herausforderung![26]

Patchworkfamilien sollten darüber hinaus Folgendes besonders beachten:

Der Urlaubsetat

Dadurch, dass der Vater eventuell noch gegenüber seiner Exfrau und den gemeinsamen Kindern unterhaltspflichtig ist und zum Beispiel die Mutter wegen der Betreuung ihrer Kinder nur Teilzeitarbeit leistet und nur den Regelunterhalt für die Kinder von ihrem geschiedenen Mann erhält, ist das gemeinsame Einkommen der Patchworkfamilie in aller Regel stark eingeschränkt. Nur sehr gut verdienende Patchworkeltern müssen sich nicht um finanzielle Einschränkungen kümmern.

Es ist also gut, sich frühzeitig als Familie zusammenzusetzen, sich über den nun möglichen finanziellen Rahmen Klarheit zu verschaffen, dann Kataloge zu wälzen und Wünsche zu formulieren, damit man sich über ein Urlaubsziel, das auch bezahlbar ist, verständigen kann.

Die Urlaubszeit

Unabhängig davon, ob die leiblichen Eltern Besuchsregelung oder bei gemeinsamem Sorgerecht eine Betreuung zu etwa gleichen Teilen vereinbart haben, müssen sie sich darüber einigen, welche Ferien und welchen Teil der Sommerferien das Kind bei dem Vater oder bei der Mutter sein soll. So kann es für ein Kind durchaus spannend sein, in den großen Ferien zum Beispiel zunächst mit seinem Vater und dessen neuer Partnerin in den Urlaub zu fahren und die nächsten drei Wochen mit seiner Mutter-Patchworkfamilie.

Maximilian, 11: *»Ich freue mich schon immer auf die Sommerferien, denn ich fahre zweimal in die Ferien. Ich genieße es, allein mit meinem Vater und seiner neuen Frau in den Süden zu fliegen und in teuren Hotels mit vielen Sportmöglichkeiten den Urlaub zu verbringen. Abgesehen davon gibt es alles ›all inclusive‹. Ich kann jederzeit etwas essen oder trinken und ich fühle mich dann wie im Schlaraffenland.*

Den Rest der Ferien verbringe ich mit der neuen Familie meiner Mutter. Wir fahren mit dem Auto nach Österreich, wo wir in einer Ferienwohnung wohnen, weil für so viele ein Flugurlaub zu teuer wäre. Wir sind dann eine große Truppe: meine Mutter, ich, mein Stiefvater und seine beiden Töchter. Aber Spaß macht es auch da, auch wenn mich meine neuen Schwestern oft nerven.«

Natürlich kann es beim ersten Urlaub einer neu gegründeten Patchworkfamilie zu Reibereien kommen. Was im Alltag vielleicht nicht möglich war, gelingt in der Urlaubszeit: Man hat Zeit, sich wirklich kennen zu lernen.

Tipps für die Urlaubsplanung:

- Wahl des Urlaubsorts: Es sollte möglichst viele Angebote auch für unterschiedliche Interessen geben – liegt man nur am Strand, kann man sich schnell auf die Nerven gehen. Jeder braucht auch Rückzugsmöglichkeiten, wo man nicht gestört wird und man für sich alleine sein kann.

- Gemeinsam Erwartungen klären und Absprachen treffen, Kompromisse schließen, Bedenken, Ängste und Wünsche artikulieren und bei Problemen das Gespräch suchen.

- Vorher die Regeln klären: In unterschiedlichen Familien gelten unterschiedliche Regeln; der Urlaub ist die falsche Zeit, um den anderen seine Familienregeln aufzuzwingen, die man an den Wochenenden sonst nicht benötigte.

- Die Kinder bestimmen das Tempo, mit dem sie sich an den neuen Lebensgefährten/die neue Lebensgefährtin und dessen/deren Kinder gewöhnen. Außerdem sollten die Kinder nicht automatisch zusammen in einem Zimmer untergebracht werden, außer wenn sie es selber wünschen.

- Kinder sollten auch im Urlaub nicht vor vollendete Tatsachen gestellt werden, wenn es um Entscheidungen geht, die alle betreffen. Besser ist es, die Kinder in alle Überlegungen einzubeziehen und ihnen ein Mitspracherecht einzuräumen.

- Ein wichtiger Gedanke: Urlaub muss nicht perfekt sein – viel wichtiger ist es, Zeit miteinander zu verbringen, den anderen wahrzunehmen und die Entwicklung der Kinder zu fördern.

Weihnachten in der Patchworkfamilie

Weihnachtsfeiertage verlebt man üblicherweise mit der engeren oder weiteren Familie, man feiert miteinander und besucht einander. An kein Fest sind so viele Hoffnungen, Sehnsüchte, aber auch Ängste geknüpft wie an die Weihnachtszeit. Was das ganze Jahr über nicht funktioniert, soll an Heiligabend klappen: die vollzählige, harmonische Familie, versammelt unter dem Weihnachtsbaum, mit glücklich strahlenden Kindern.

Wie zu keiner anderen Zeit des Jahres wird in der Weihnachtszeit der Mythos der »heilen« Familie gefeiert. Das weckt bei denen, die mit ihrer Erstfamilie gescheitert sind, Erinnerungen und möglicherweise Schuldgefühle. Kinder, die nach einer Trennung erst noch mit der neuen Situation fertig werden müssen, leiden Weihnachten oft ganz besonders. Viele Kinder wünschen sich Harmonie und – dass sich ihre Eltern gut vertragen.

Weihnachten, das Fest der Kinder, das Fest der Familie, der Liebe und des Schenkens, berührt bei Scheidungskindern häufig längst verheilt geglaubte Wunden. Sie assoziieren mit dem Fest oft Vorstellungen von Friede, Freude und der »alten« Familie. Sie durchleben jedes Jahr an Weihnachten in ihrer Erinnerung mit unterschiedlicher Intensität das »alte« Weihnachten, die »alten« Bräuche, sehen die »alten« Verwandten, die »alte« Wohnung, den »alten« Christbaum, erinnern sich daran, als Mutter, Vater und Geschwister zusammen feierten, möglicherweise noch in trauter Harmonie.

Ich erinnere mich noch an meine Kindheit. Vor der Bescherung las mein Vater das Weihnachtsevangelium vor. Unsere Familie sang mit Blockflötenbegleitung alle Weihnachtslieder. Heiligabend war ein Abend zum Klönen, zum Essen, Trinken, vor allem aber ein Abend des Beisammenseins. Höhepunkt war die Mitternachtschristmette. Danach saßen wir noch lange beisammen. Die Erinnerung an die Weihnachtsfeste unserer Kindheit hat eine Prägung für das ganze Leben hinterlassen: Die feierliche Stimmung, der Kerzenduft, die festlichen Lieder, die Krippe, der geschmückte Weihnachtsbaum und nicht zuletzt die unerträgliche Spannung darauf, wann das Christkind denn nun kommt und was es an Geschenken mitbringt. Die Erinnerung an Weihnachten ist mit tiefen Gefühlen verbunden. Es ist auch heute noch ein Fest, das zu Herzen geht.

Weihnachten ist in den meisten Familien das Fest der Feste, das von familiären Traditionen bestimmt wird. Oft zeigen sich aber in Patchworkfamilien unterschiedliche Auffassungen über die Art und Weise, also nach welchen Ritualen Weihnachten gefeiert werden sollte.

Wie soll aber Weihnachten gefeiert werden, wenn einem Teil der neuen Familie Weihnachten als Fest mit religiösem Ursprung und dementsprechenden Ritualen wichtig war und ist, dem anderen Teil aber nicht mehr bewusst ist, wozu es Weihnachten gibt und was der ursprüngliche Sinn des Weihnachtsfestes ist?

Gehört zu Weihnachten unbedingt ein Weihnachtsbaum? Wie gestaltet man beispielsweise die Bescherung? Vor oder nach dem Festessen? Wird Weihnachten als Fest mit religiösem Hintergrund wahrgenommen oder nicht? Gemeinsamer Kirchgang oder nicht? Kommt das Christkind oder der Weihnachtsmann, um Geschenke zu bringen?

Zu den Ritualen gehören auch das Festessen und eventuell die Kleiderordnung. Nicht nur für die Kinder ist es wichtig, was Weihnachten auf den Tisch kommt. Die einen verbinden Weihnachten mit Karpfen, die anderen mit der Weihnachtsgans oder einem Fondue, Speisen, die unbedingt dazugehören, um weihnachtliche Gefühle entwickeln zu können. Für Patchworkfamilien gilt auch in diesem Fall wieder die Regel: Um Mäkeleien möglichst weitgehend auszuschließen, sollte zuvor gemeinsam alles besprochen werden und eine Einigung hinsichtlich des Speisenplans erfolgen. Um Enttäuschungen vorzubeugen, kann es auch ratsam sein, sich über die Kleiderordnung zu Weihnachten abzustimmen. In den meisten Familien besteht Einigkeit darüber, dass man sich zu Weihnachten festlich kleidet. Wenn nun ein schon erwachsener Sohn seinen Vater mit dessen neuer Frau zu Weihnachten besucht und sich in Jeans, buntem Ringelpullover und klobigen Stiefeln an den festlich dekorierten, gedeckten Tisch setzt, obwohl er über die Etikette eigentlich informiert ist, dann hat das weniger mit fremden Ritualen zu tun, sondern wahrscheinlich mit Provokation, hinter der die unausgesprochene, subtile Ablehnung der neuen Patchworkfamilie steht. Es ist fraglich, ob es in einem solchen Fall noch Sinn hat, im Vorfeld Wünsche zu formulieren, wie:»Wir wünschen uns, dass du dich festlich kleidest.«

Wichtig ist es, immer wieder miteinander über die Vorstellungen der einzelnen Familienmitglieder zu sprechen, sie an Entscheidungen über neue Formen des Weihnachtsfestes zu beteiligen: Wie gleicht man gegensätzliche Vorstellungen von Ritualen aus und was ist zu tun, um für die Zukunft eine neue Prägung für das Weihnachtsfest zu finden?

Vielleicht finden Sie auch außerhalb der Konventionen eine auf Ihre Familie zugeschnittene besondere Art und Weise, das Weihnachtsfest zu gestalten.

Aber wie Sie Weihnachten auch immer feiern wollen, es ist wohl unstrittig, dass Weihnachten für Kinder das Fest der Geschenke ist. Geschenke sind für sie wichtig, weil sie ein Beweis dafür sind, dass sie geliebt werden.

Eltern sollten beim Beschenken ihrer Kinder aber darauf achten, dass die Wünsche und Vorlieben ihrer Kinder auch in Erfüllung gehen, und nicht Geschenke favorisieren, die sie nur selbst für sinnvoll erachten oder sich selbst als Kind gewünscht hätten.

Felix, 23: *»Ich bekam mit zehn Jahren zu Weihnachten eine Carrera-Bahn, die ich mir gar nicht gewünscht hatte. Mein Vater hatte sich dieses Geschenk für mich ausgedacht. Wenn ich mich recht erinnere, hat er danach am meisten damit gespielt.«*

Torsten, 16: *»Ich hatte vor Jahren auf meinen Wunschzettel fürs Christkind geschrieben ›Gameboy‹. Alle aus meiner Klasse hat-*

ten einen und ich wollte natürlich auch einen. Meine Eltern aber fanden, dass das ein sinnloses Spielzeug sei, und schenkten mir einen Fischer-Baukasten. Freuen konnte ich mich darüber aber nicht, denn für mich war es nicht die Frage von sinnvoll oder sinnlos. Ich wollte einfach auch zum Kreis derer gehören, die einen Gameboy besaßen.«

Meine Töchter wünschten sich zu Weihnachten Barbie-Puppen, weil alle anderen Kinder solche Puppen hatten. Ich ignorierte ihren Wunsch, weil ich diese Puppen abartig künstlich und hässlich fand. Die Enttäuschung war trotz vieler schöner anderer Geschenke riesengroß. Schließlich erfüllte der Opa ihnen ihren Wunsch und die Kinder waren glücklich.

Wenn ein Kind schon dazu angehalten wird, seine Wünsche über einen Wunschzettel zu artikulieren, dann sollte er auch Richtschnur für die Eltern sein. Für die kindliche Entwicklung ist es wichtig, dass Wünsche – wenn auch nicht alle – in Erfüllung gehen.

Und noch eines ist speziell in Patchworkfamilien wichtig: Achten Sie unbedingt auf Gerechtigkeit bei den Geschenken, denn mehr als in einer Erstfamilie wird hier scharf beobachtet, verglichen und bewertet. Materielle Gleichhaltung und Gerechtigkeit ist noch am ehesten einzuhalten, schwieriger ist das schon mit emotionaler Zuwendung, besonders dann, wenn ein Kind es dem neuen Elternteil schwer macht, einen Zugang zu ihm zu finden.

Mindestens so wichtig wie Geschenke sind für ein Kind – gerade in der neuen Familie – emotionale Zuwendung und Wertschätzung. Hierzu gehört auch die Frage, ob und wann das Kind an Weichnachten die Familie des gerade abwesenden Elternteils besuchen darf. In den meisten Familien wird der Heilige Abend schon zur Nagelprobe: Soll es zwei Bescherungen geben? Bei welcher Familie findet die erste Bescherung statt? Sollte das Kind den abwesenden Elternteil am 1. oder 2. Weihnachtstag besuchen dürfen?

Dabei sollten Patchworkeltern es unbedingt vermeiden, dem Kind ein schlechtes Gewissen zu machen, weil es das Bedürfnis hat, mit seinem anderen Elternteil zusammen zu sein.

Lässt sich eine Einigung beider Familien darüber erzielen, dass man jährlich wechselweise den Besuchtag bestimmt?

Gudrun, 45: *»Weil ich nach der Scheidung unter Depressionen litt, lebten meine Kinder bei ihrem leiblichen Vater und seiner neuen Lebensgefährtin und deren Kindern. Zuerst wurde immer Heiligabend in dieser Familie gefeiert. Wenn meine Kinder schon müde waren, kamen sie abends um 20 Uhr auch noch bei mir vorbei und gähnten ständig.«*

Manchen Familien gelingt es, mit allen Mitgliedern des Patchwork-Familiensystems Weihnachten zu feiern wie in dem Kinofilm »Meine schöne Bescherung« von Jörg Taszman mit Martina Gedeck und Heino Ferch.

Kennen Sie solche oder ähnliche Kommentare: »Früher fand ich Weihnachten viel schöner, als wir noch eine richtige Familie waren.« Besonders Weihnachten liegen bei so provokativen Bemerkungen die Nerven blank und es kann eher als sonst zu Eskalationen kommen. Als Betroffene müssen Sie ferner damit rechnen, dass Sie, sofern Sie sich auf fremdes Terrain begeben, zunächst als Eindringling oder Feind angesehen werden. Alles ist bereits »vormarkiert« und wird nun durch Sie »ummarkiert«, und auch neue Rituale bringen Sie mit.

Das wird in aller Regel nicht widerspruchslos von den Stiefkindern mit Heimvorteil hingenommen. Entweder ernten Sie für Veränderungen stummen Protest oder Sie werden mit offener Verweigerung zu rechnen haben. Sie werden dann mit Kommentaren wie »Früher war alles besser« leben müssen, was sich natürlich auf die Art Weihnachten zu feiern bezieht, und sich einem permanenten Vergleich stellen. Auch Fehler, die immer wieder mal unterlaufen, werden in Patchworkfamilien als ganz besonders gravierend empfunden.

Sicherlich fordert es großen Einsatz, damit das Zusammenleben in dem komplizierten Beziehungsgeflecht von Patchworkfamilien gelingt, aber selbst so emotional überfrachtete Feiertage wie Weihnachten können dann für alle Beteiligten gut verlaufen.

Jasmin, 14: *»Nach der Scheidung meiner Eltern ist meine Mutter seit einem Jahr wieder verheiratet und mein Bruder, er ist zwölf, und ich leben seitdem in einer Patchworkfamilie. Alle zwei Wochen sind die beiden Kinder unseres Stiefvaters bei uns, und das ist schon ein fremdes und komisches Gefühl. Als ich den beiden, die sind 13 und 16, zum ersten Mal direkt gegenüberstand, wurde mir sehr mulmig. Ich wusste nicht so recht, was ich mit ihnen anfangen sollte. Das erste Weihnachten in kompletter Runde fand ich richtig komisch. Irgendwie sollte etwas zusammengefügt werden, was nicht wirklich zusammengehört. Alle waren sehr vorsichtig. Niemand wollte etwas Falsches sagen oder tun – es war eine sehr schweigsame Feier.«*

Kinder verfügen noch nicht wie Erwachsene über eine gewisse Übung, mit neuen gesellschaftlichen Situationen umzugehen und auftretende Schwierigkeiten zu überspielen. Sie spüren genau, wenn etwas nicht stimmt, und je nach Temperament rasten sie aus, laufen weg oder ziehen sich in sich zurück. Jasmin schildert, wie bedrückend die Stimmung bei ihr zu Weihnachten war. Patchworkeltern sollten sich klarmachen, dass die Kinder in diesem Fall nicht bösartig, verstockt oder unerzogen sind, sondern ganz natürlich reagieren. Schließlich war es im diesem Fall das erste gemeinsame Weihnachtsfest. Es blieben also noch zwölf Monate, in denen sich die Patchworkkinder genauer kennen lernen konnten, um danach hoffentlich ein wirklich fröhliches Weihnachten zu erleben.

Justin, 12: *»Am Heiligen Abend wünsche ich mir oft heimlich, dass mein Papa auch bei der Bescherung dabei sein könnte, obwohl meine Eltern schon seit fünf Jahren geschieden sind und ich seit zwei Jahren in der neuen Familie meiner Mutter lebe. Aber da für mich Onkel, Tanten, Cousinen und Großeltern auch zur Familie gehören, fällt es mir leichter, nicht daran zu denken, dass ich eigentlich meinen Vater auch gern dabeihaben möchte. Meine jüngere Schwester Lisa und ich haben uns an das neue Weihnachten schon gewöhnt.«*

Auch wenn Justin sagt, seine jüngere Schwester oder er hätten sich schon an das neue Weihnachten gewöhnt, ist nicht zu überhören, dass er sich sehr nach seinem Vater sehnt. Oberflächlich gibt er sich mit Onkeln, Tanten und Großeltern zufrieden. Aber Justin leidet und vergräbt seinen Kummer in sich selbst. In diesem Fall ist es äußerst wichtig, dass sich Mutter und Vater auf eine für alle akzeptierbare Besuchsregelung zu Weihnachten einigen.

Hannah, 21: *»Bei uns war es immer sehr schwierig, speziell an Weihnachten, weil die Probleme meiner Eltern auf dem Rücken von uns Kindern ausgetragen wurden. Jeder versuchte, uns auf seine Seite zu ziehen, und so wurde Weihnachten, insbesondere der Heilige Abend, zur Zerreißprobe für uns. Später haben sich unsere Eltern darauf geeinigt, dass wir am Heiligen Abend nachmittags zu unserem Vater gingen und abends bei unserer Mutter Bescherung hatten. Das hat uns oft überfordert und wir waren schon erschöpft, wenn es bei uns zu Hause Bescherung gab. Meine Mutter war dann immer stinksauer auf unseren Vater, was uns ein schlechtes Gewissen machte, obwohl wir unschuldig daran waren, dass unsere Eltern sich getrennt hatten. Trotzdem bekamen wir von beiden Seiten Frust ab, was wir als sehr ungerecht empfanden. Aufgrund meiner Erfahrungen habe ich mich gefragt, wie ich es machen würde, wenn ich an der Stelle meiner Eltern wäre. Ich denke, dass die bessere und einfachere Lösung*

darin bestünde, die Wünsche der Kinder anzuhören und ihre Be-
dürfnisse in Entscheidungen einzubeziehen, ohne sie zu Schieds-
richtern zwischen den Eltern werden zu lassen.«

Tipps für Weihnachten in der Patchworkfamilie:

- Betrachten Sie Weihnachten in erster Linie als Kinderfest. Sie als Erwachsener, Ihre Sorgen, Verletzungen und Differenzen stehen am 24.12. in der zweiten Reihe.
- Manche Patchworkkinder freuen sich über die doppelte Bescherung, die für sie stattfindet. Andere lieben die abendliche Fahrt von einer Feier zur anderen, vorbei an den weihnachtlich erleuchteten Häusern.
- Patchworkeltern sollten die positiven Aspekte des besonderen Weihnachtsfestes in einer besonderen Familie betonen. Denken Sie daran, dass weit mehr als Ihre Worte Ihre innere Einstellung zu den Kindern zählt. Der hohe Erwartungsdruck, der auf dem Weihnachtsfest lastet, hat auch etwas Gutes: Alle sind emotional aufmerksamer. Ein sorgfältig und behutsam vorbereitetes Erlebnis wirkt am 24.12. nachhaltiger als an jedem anderen Tag des Jahres.
- Auch Weihnachten will in einem Patchwork-Familiensystem geplant sein. Rechtzeitige Absprachen sind das A und O, denn in dieser besonderen Familienkonstellation ist Weihnachten als Spontanfest nicht zu machen. Zu klären ist: Bei wem verbringen die Kinder den Heiligen Abend? Wer geht mit ihnen in die Christmette? Wann werden die Großeltern besucht? Statt sich über Termine und Ort der Feier zu streiten, sollten Familien an verschiedenen Festtagen Weihnachten feiern.
- Gemeinsam feiern? – Eher nein! Eine gemeinsame Weihnachtsfeier getrennter Eltern würde nur die Hoffnung der Kinder verstärken, dass wieder alles so wie früher werden könnte. Die Kinder würden auch die Zeit nutzen, um zwischen den Eltern zu vermitteln.

- Beziehen Sie die Kinder in die Überlegungen mit ein. Wenn man mit ihnen ein gemeinsames Weihnachtsfest plant, müssen sie sich nicht verplant fühlen, und Widerstand ist damit auch ausgehebelt.
- Schenken Sie maßvoll und versuchen Sie den anderen Elternteil nicht durch Geschenke zu übertrumpfen. Schenken Sie vor allem Zuwendung, denn Patchworkkinder sehnen sich besonders an Weihnachten nach Zuwendung. In dieser sensiblen Zeit werden häufig Wunden berührt, die im Alltag als längst verheilt gelten. Es ist daher wichtig, Erinnerungen anzusprechen und die Kinder nicht mit ihren Gefühlen allein zu lassen. Beide Eltern sollen den Kindern zeigen:»Ich bin für dich da.«
- Missbrauchen Sie Ihre Kinder nicht als Druckmittel, um sich für Kränkungen zu rächen. Die wirklich Leidtragenden sind dabei Ihre Kinder. Eltern versündigen sich an ihren Kindern, wenn sie ihre Paarkonflikte auf dem Rücken der Kinder austragen.

Familienfeiern

Manche Patchworkfamilien schaffen es, schöne harmonische Familienfeste zu gestalten, an die sich jeder gern erinnert. Aber es gibt auch Familienfeste von Patchworkfamilien, auf denen dann, wenn die ehemaligen Konfliktparteien wieder aufeinandertreffen, bittere Gefühle hochkommen und bewusst wird, dass der durch die Scheidung bedingte Riss mitten durch die Familien geht. Besonders schlimm empfinden es Geschiedene, zu Familienfesten nicht mehr eingeladen zu werden, ausgestoßen zu sein, obwohl trotz des Scheiterns die Sehnsucht nach Familie groß ist.

Ein Beispiel: Vier Kinder leben mit den Eheleuten Arne und Inga unter einem Dach, doch nur eines stammt aus der Ehe mit seiner jetzigen Frau. An den anderen zerren, besonders bei Familienfesten, Expartner und Großeltern. Früher wollte das Paar es allen recht machen. Nach zahlreichen Festkatastrophen haben sie jedoch Konsequenzen gezogen: Gefeiert wird im eigenen Haus – mit allen Verwandten, die ihre neue Familienkonstellation akzeptieren und wohlwollend unterstützen.

Was schon in »normalen« Familien schwierig genug ist, kann in Patchworkfamilien zur Herausforderung werden. Patchworkeltern müssen sich klarmachen, wie sie es mit Kindergeburtstagen, Einschulungsfeiern, Kommunion oder Konfirmation halten wollen. Das alles sind für ein Kind sehr wichtige Feiertage, die es mit beiden Eltern feiern möchte.

Jakob, 6: *»Meine Eltern haben sich getrennt, als ich noch ganz klein war, ich glaube, ich war drei Jahre alt. Jetzt haben Mama und Papa neue Familien. Ich wohne drei Tage bei meiner Mama, drei Tage bei meinem Papa und einen Tag bei meinen Tageseltern. Meine Einschulung war etwas ganz Besonderes. Meine ganze Familie war da: Mama, Gregor, mein Stiefvater und Paula und Hannah, meine beiden kleinen Schwestern, Papa und seine Freundin und meine Tageseltern. Ich fand es toll, dass alle da waren, auch bei der Feier in einem Restaurant.«*

Auch der alljährliche Kindergeburtstag kann zum Problemfall werden, wenn die Eltern miteinander verfeindet sind. Der Kindergeburtstag ist für ein Kind der wichtigste Tag im Jahr, und eigentlich jedes Kind möchten diesen Tag mit allen feiern, die es lieb hat. Dazu gehören Vater *und* Mutter. Und genau da beginnt der Konflikt für ein Patchworkkind, das Scheidung und Neuorientierung seiner Eltern erlebt hat und aufgrund deren Entscheidung gezwungen ist, in einem Familiensystem zu leben, das es sich nicht ausgesucht hat. Wie unter solchen Vorzeichen ein Kindergeburtstag aussehen kann, mögen zwei Beispiele verdeutlichen:

Vivian, 8, hat Geburtstag. Zur Feier hat sie natürlich ihre Freundinnen eingeladen. Es klingelt an der Tür, Vivians Vater steht davor. Vivian weiß, dass für heute 15 Uhr der Richter »gemeinsamen Kindergeburtstag« (!) angeordnet hat. Vivian bittet ihren Vater herein und der setzt sich ganz steif an den Tisch. Obwohl er hier mal zu Hause war, ist er nun Gast. Das bedrückt ihn und Vivian natürlich auch. Beim Geburtstagskaffee sitzt Vivian zwischen ihren geschiedenen Eltern. Vivians Freundinnen wundern sich, dass Vivians Vater da ist, weil er doch sonst um diese Uhrzeit immer noch »auf der Arbeit« war. Aber Vivians Eltern sind geschieden und da ist das nun wohl anders. Ein aufgesetztes Lächeln der Erwachsenen soll die unnormale Situation entspannen. Man ist bemüht, höflich zueinander zu sein. Die Eltern tun dies für ihre Tochter, denken sie zumindest. Für Vivian wird die Stimmung langsam unerträglich, sie spürt die ablehnende Haltung ihrer Mutter gegenüber ihrem Vater und sie sehnt den Abend und damit ein Ende dieser Zwangsveranstaltung herbei. Vivians Freundinnen gehen früher als gewohnt, warum nur?

Aber auch so kann ein Kindergeburtstag aussehen: Larissa, 9, hat Geburtstag. Zur Feier sind auch ihre Freundinnen geladen und jedes Mal, wenn es klingelt, ist Larissa gespannt, wer vor der Tür steht. Ein wildes Durcheinander herrscht, bis Larissas Mutter die Horde endlich um den Tisch platzieren kann. Während die Kinder es sich schmecken lassen, zieht sich Larissas Mutter dezent in die Küche zurück. Nach dem Essen denken sich die Kinder Spiele aus und stimmen die Vorschläge ab. Ein Vorschlag von Larissa, ein Ratespiel, wird nicht angenommen, aber das scheint sie nicht zu stören. »Dann spiele ich das am Samstag mit meinen Freunden bei meiner anderen Feier«, sagt sie. Wie, andere Feier? Die Freundinnen werden neugierig.

Larissas Eltern sind geschieden. Sie lebt zwar in ihrer gewohnten Umgebung bei ihrer Mutter, hat aber auch Freundinnen, die bei ihrem Papa um die Ecke wohnen, und deshalb feiert Larissa bei ihrem Papa einfach noch einmal Geburtstag.

Larissas Vater hat schon am Morgen angerufen, und das Mädchen ist ganz neugierig auf ihr Geschenk. Larissas Eltern können nicht mehr so gut miteinander feiern, und Larissa gewinnt dadurch eine zweite Feier. Ihre Eltern tun das für ihr Kind, und Larissa hat Spaß daran.

Wenn Eltern nach einer Scheidung nicht mehr gut miteinander auskommen, sollten sie zugunsten ihrer Kinder eine Zwei-Feiern-Regelung ins Auge fassen, anstatt dem Kind am Kindergeburtstag eine Normalität vorzutäuschen, die es nicht mehr gibt. Kindern kann man nichts vormachen. Sie nehmen mit ihren feinen Sensoren alle Stimmungen auf und merken sehr wohl, wenn Eltern gekünstelt und angespannt Fröhlichkeit demonstrieren.

Während ein Geburtstag »nachgefeiert« werden kann, ist das bei Erstkommunion, Konfirmation, Abiturfeier oder Hochzeit nicht möglich. Patchworkkinder müssen sich dann entscheiden, was ihnen häufig sehr schwerfällt.

Häufig ist bereits das Fest der Erstkommunion, auf das sich Kommunionkinder freuen und was meist feierlich mit der Familie begangen wird, eine besondere Herausforderung, an der die Spaltung der Familie deutlich wird, wie das nachfolgende Beispiel zeigt.

Alexander, 15: *»Als ich neun Jahre alt war, kam ich zur Kommunion. Leider war der Zeitpunkt sehr ungünstig, da sich meine Eltern zu diesem Zeitpunkt in der Trennung vor Scheidung befanden und nicht mehr miteinander sprachen. Ich fand dies sehr belastend. Auch die Verwandtschaft verhielt sich komisch. Man versuchte zwar, die Spannungen zu überspielen, es gelang aber nicht so recht. Am schlimmsten war für mich die Situation nach der Festmesse. Alle Kommunionkinder gingen zu ihren Familien, ich aber musste mich entscheiden, ob ich zur Familie meines Vaters oder zu der meiner Mutter gehen sollte. Für mich war dieser Tag der schlimmste meines bisherigen Lebens. Ich habe* *abends im Bett geweint und war froh, dass dieser Stress endlich vorüber war.*

Dass Eltern trotz Scheidungsauseinandersetzungen und Neustart in einer Patchworkfamilie es auch besser machen können, zeigt das nachfolgende Beispiel:

Silvia, 23: *»Ich kann mich noch ganz genau an meine Erstkommunion erinnern, auch wenn das schon lange Jahre zurückliegt. Meine Eltern hatten sich getrennt, lebten aber bereits wieder mit neuen Partnern, teils mit Anhang, zusammen. Ich aber konnte mich mit der Trennung meiner Eltern und deren Neustart nicht abfinden und sehnte mich danach, meine alte Familie an meinem besonderen Festtag um mich zu haben.*

Das habe ich mir auch genauso gewünscht. Obwohl mein Wunsch wahrscheinlich für meine Eltern eine Zumutung war, haben sie ihn mir erfüllt. Mein Vater kam allein und auch meine Mutter ließ ihren neuen Partner zu Hause. Wir trafen uns vor der Kirche. Mein Vater begrüßte meine Mutter freundlich und auch alle übrigen Verwandten, die eingeladen waren. Zusammen gingen wir in die Kirche, um meine Erstkommunion zu feiern. Nach der Feier gingen wir in ein kleines Restaurant, das mein Vater ausgesucht und auch bezahlt hatte. Es wurde eine harmonische Familienfeier und jeder hätte sich fragen können, warum sich Eltern, die sich offenbar so gut verstanden und so nett miteinander umgingen, getrennt hatten. Jedenfalls habe ich das so empfunden! Ich war darüber sehr glücklich. Heute erkenne ich, dass diese Feier sie bestimmt große Überwindung gekostet hat, und das rechne ich ihnen noch heute hoch an.

Bei den Eltern meiner Freundin, die auch geschieden waren, hat das nicht so gut geklappt. Ich bin richtig stolz auf meine Eltern, die bewiesen haben, dass sie auch in schwierigen Situationen nicht vergessen haben, dass sie Eltern ein Leben lang bleiben, auch dann, wenn sie als Paar gescheitert sind. Meine Eltern sind ein gutes Vorbild für mich und haben mir vorgeführt, dass man zum Wohle der gemeinsamen Kinder in jeder Situation respektvoll miteinander umgehen kann.«

Auch die Konfirmation kann für Patchworkkinder sowohl zum schönsten Tag ihres Lebens oder auch zum Härtetest werden.

Moritz, 15:»*Bei meiner Konfirmation war mein Vater nur in der Kirche dabei, aber nicht bei der Familie, sondern ganz hinten, wie ein Außenseiter, der mit alledem nichts zu tun hat. Er hat mir sehr leid getan und ich hätte es mir gewünscht, dass meine Mutter über ihren Schatten gesprungen wäre und ihn mit nach Hause zur Feier in der Familie eingeladen hätte. Doch sie würdigte ihn keines Blickes, was ich nicht als besonders christlich empfand. Die Unversöhnlichkeit meiner Eltern führte dazu, dass ich mich als Opfer fühlte, das für die Sünden der Eltern büßen muss.«*

Auch eine Abiturfeier kann für Patchworkkinder zum Hindernislauf werden, wenn ihre leiblichen Eltern so verfeindet sind, dass ein Zusammentreffen für sie eine Zumutung wäre. Ein Beispiel:

Vera, 20:»*Ich fand es schade, dass nicht meine beiden Eltern bei der Abiturfeier und der Übergabe des Zeugnisses dabei waren, sondern nur meine Mutter und mein Stiefvater. Zuvor hatte ich meinen Vater gebeten zu kommen, weil mir das sehr wichtig sei. Er stellte Bedingungen, die dazu führten, dass ich mich entscheiden musste: ›Wenn deine Mutter kommt, komme ich nicht.‹ Ich entschied mich für meine Mutter und meinen Stiefvater, bei denen ich bereits seit Jahren lebte und die alles für mich getan hatten. Aber so richtig glücklich war ich mit dieser Lösung auch nicht, denn emotional gehörte mein Papa ja auch dazu. Mir wurde bewusst, dass Zeit nicht immer alle Wunden heilt und dass wir die Familie, die wir einmal warten, nie wieder sein würden.«*

Viele Patchworkkinder, die eine Hochzeit vorbereiten, sind wegen der Unversöhnlichkeit ihrer Eltern gezwungen, sich zu überlegen, ob sie Vater oder Mutter zur standesamtlichen oder kirchlichen Trauung einladen, weil ein Zusammentreffen der Eltern unmöglich ist. Manchmal aber reicht es auch schon, die Eltern an unterschiedlichen Tischen unterzubringen. Problematisch wird es dann, wenn Kinder nur standesamtlich heiraten wollen und es keinen Ausweichtermin gibt.

Die Mutter eines Patchworkkindes äußerte sich über das, was sie bei der Hochzeit ihrer Tochter erlebte, so:

»Meine Tochter Sina heiratete fast 20 Jahre nach meiner Scheidung, und zwar nur standesamtlich. Sie lud alle ein, die ihrer Meinung nach zu ihrer Familie gehörten, auch meinen geschiedenen Mann mit seiner neuen Frau und den zwei neuen Kindern aus dieser zweiten Ehe. Meine Tochter vertrat die Meinung, dass sie unschuldig sei an der Trennung ihrer Eltern und nicht einsehen könne, warum sie darunter leiden solle. Obwohl für alle Beteiligten die Hochzeit offensichtlich ein fröhliches Fest war, kam ich mir als Statistin allein und verloren vor, während sich mein Exmann an der Seite seiner neuen Familie sichtlich wohlfühlte. Ich habe aus dieser Situation gelernt, dass ich in Zukunft lieber auf ein solches Zusammentreffen verzichte, als mir so etwas noch einmal anzutun.«

Eine andere Patchworkmutter berichtet:

»Meine Tochter Silvia aus meiner ersten Ehe heiratete 18 Jahre nach der Scheidung. Und obwohl bei einem solchen zeitlichen Abstand davon ausgegangen werden sollte, dass ein Zusammentreffen der Eltern unproblematisch hätte möglich sein müssen, zeigte sich leider genau das Gegenteil.

Die Sitzordnung im Restaurant, in dem gefeiert wurde, war eigentlich gut durchdacht und der schwierigen Situation entsprechend organisiert. Neben dem Bräutigam saß seine Mutter, daneben ihr Mann. Neben der Braut, meiner Tochter, ihr Vater mit seiner Lebensgefährtin. Es versetzte mir einen Stich, nicht dazu-

zugehören, vom Brauttisch ausgegrenzt zu sein, obwohl ich die Brautmutter war, deren Platz eine fremde Frau eingenommen hatte. Auch hierdurch dokumentierte sich für mich die Zerstörung der Familie unübersehbar deutlich. Die nächste Auffälligkeit war die, dass es nicht – wie sonst üblich – ein Hochzeitsfoto mit den jeweiligen Eltern oder auch mit den Eltern beider Seiten gab. Es war einfach nicht möglich, die ›alte Ordnung‹ wieder herzustellen, nicht einmal für den Augenblick eines Fotos.

Ich habe auch schon an anderen Hochzeiten von Scheidungskindern teilgenommen und beobachten können, dass glücklicherweise nicht in allen geschiedenen Familien solche Extremverhältnisse gegeben sind, dass es nicht möglich ist, sich am Hochzeitstag eines gemeinsamen Kindes formal höflich zu begrüßen und zu begegnen, würdevoll und souverän.

Aus der Wahrnehmung meiner Tochter war das auch ein außergewöhnlicher Härtetest, wie sie später äußerte. Sie hätte schon gern ihre Eltern am Brauttisch gehabt. Leider war das nicht möglich. Im Nachhinein würde sie unter solchen Bedingungen ihre Eltern getrennt einladen, und zwar den einen Teil zur standesamtlichen, den anderen zur kirchlichen Hochzeit. Meine Tochter sagte, sie sei es leid, immer noch Leidtragende der Trennung ihrer Eltern zu sein.«

Die vorausgegangenen Beispiele zeigen, dass bei der Hochzeit von Patchworkkindern viele unverarbeitete Konflikte und Kränkungen wieder an die Oberfläche kommen können. Dem auszuweichen nach dem Motto »Wenn dein Vater/deine Mutter kommt, komme ich nicht« bestraft Kinder, die durch die Scheidung ihrer Eltern schon gelitten haben, erneut. Und wenn es noch so schwer ist: Man darf an solchen Tagen nicht vergessen, dass es anlässlich einer Hochzeit um das Kind geht und nicht um eigene Verletzungen.

Dass eine Hochzeit eines gemeinsamen Kindes auch friedlich mit beiden Eltern möglich ist, darüber berichtet ein weiteres Patchworkkind.

Dina, 28:»*Meine Eltern ließen sich scheiden, als ich zehn Jahre alt war. Das gegenseitige Bekriegen hörte aber mit der Scheidung nicht auf. Es wurde um alles und jedes prozessiert. Die Fronten waren verhärtet. Ich lebte bei meiner Mutter, die nach drei Jahren erneut heiratete, und ich bekam auch noch einen Stiefbruder, mit dem ich mich gut verstehe. Mein Vater heiratete auch wieder und gründete mit der neuen Frau eine neue Familie. Obwohl ich es lieber gesehen hätte, dass meine Eltern sich vertragen und zusammengeblieben wären, akzeptierte ich irgendwann die neue Realität. Ich bat meine Eltern, mich aus ihren Streitigkeiten herauszuhalten, denn es sei nicht meine Schuld, dass ihre Ehe gescheitert sei. Ich bestand darauf, ungehinderten Kontakt zu beiden Eltern zu haben.*

Als ich im vergangenen Jahr heiratete, befand ich mich in einer prekären Situation, weil ich eigentlich beide Eltern bei meiner Hochzeit haben wollte, mir aber nicht vorstellen konnte, wie das möglich sein könnte. Ich sprach dann mit meinem Vater und mit meiner Mutter, dass ich mir wünschte, mit beiden den schönsten Tag meines Lebens zu feiern, und dass es von ihnen abhänge, ob das möglich sei. Ich machte unmissverständlich deutlich, dass ich von ihnen erwarte, dass sie sich einmal einen Tag – mir zuliebe – zusammennehmen könnten oder beide erst gar nicht erscheinen sollten. Es war erstaunlich, was meine deutlichen Worte bewirkt hatten. Meine Eltern erschienen beide zur Hochzeit und gingen zwar distanziert, aber höflich und respektvoll miteinander um. Ich denke, dass andere Gäste nicht einmal bemerkt haben, dass sich hier langjährige Konfliktparteien gegenüberstanden. Für mich war es das schönste Geschenk, das aber ohne meine klare Stellungnahme vorher wahrscheinlich nicht möglich gewesen wäre. Manchmal müssen Patchworkkinder auch Flagge zeigen und für das kämpfen, was ihnen wichtig ist.«

6. Das Geheimnis glücklicher Patchworkfamilien

Glückliche Patchworkkinder berichten

Ein Patentrezept für »glückliche Patchworkkinder« gibt es nicht, wohl aber das Bemühen darum, dass diese Kinder sich wohl und geborgen in zwei Familien fühlen können. Eine gute Basis ist dann vorhanden, wenn Kinder sich geliebt und angenommen fühlen, wie die nachfolgenden Fallbeispiele zeigen.

Daniela, 21: *»Ich bin selbst ein Patchworkkind und hatte Glück, dass ich nach den endlosen Streitereien meiner leiblichen Eltern Geborgenheit in der neuen Familie meiner Mutter fand. Mein Stiefvater war sehr einfühlsam und hat mir Zeit gegeben, mich an die neue Situation zu gewöhnen. Dann bekam ich, damals zehn, noch Zwillinge als Geschwister, die ich aber als Bereicherung und nicht als Konkurrenz aufgefasst habe. Weil meine Mutter oft überfordert war, war es für mich selbstverständlich, früh Verant-*

wortung zu übernehmen und zu helfen. Für ein Kind ist es wichtig, sich geborgen zu fühlen. Diese Geborgenheit fand ich in meiner neuen Familie. Ich habe erfahren, dass nur glückliche Eltern Kindern eine glückliche Kindheit geben können. Für mich war die Scheidung meiner Eltern und die neue Familie meiner Mutter im Nachhinein ein Gewinn. Meine Mutter und mein Stiefvater haben das toll hingekriegt und bei allem, was sie getan und entschieden haben, mich einbezogen und zuerst an mein Wohl gedacht. Für diese glückliche Zeit bin ich ihnen heute sehr dankbar. Ich habe auch Freundinnen, bei denen es in der Patchworkfamilie nicht so gut geklappt hat und bei denen auch der zweite Versuch mit einer Trennung endete. Wenn ich mich vergleiche, dann ist es mir gut ergangen und ich hatte das Glück einer behüteten Patchworkkindheit.«

Annika, 17: *»Ich bin ein Patchworkkind, das zunächst mit acht Jahren durch die Scheidung und Wiederverheiratung der leiblichen Eltern gezwungen war, mit zwei Eltern und zwei Stiefeltern zu leben. Natürlich habe ich nach der Trennung meiner Eltern einige Zeit gebraucht, um wieder zu mir selbst zu finden. Ein Teil meiner Familie war auf einmal weg, der Vater ist zusammen mit einem meiner Brüder gegangen.*

Dass ich meinen Vater lange Zeit gehasst habe, weil er eine andere Familie unserer vorgezogen hat, ist wohl auch verständlich.

Heute, nach vielen Jahren, sehe ich das aber alles mit ganz anderen Augen. Ich verstehe heute vieles besser, kann mit meinen Eltern darüber reden und habe seit langem endlich wieder eine gute Beziehung zu beiden und auch zu meinem Stiefvater. Aus Selbstschutzgründen vermeide ich es aber, mit der neuen Frau meines leiblichen Vaters zu viel Nähe aufkommen zu lassen, denn die ist so anders, dass ich sie zwar als neue Frau meines Vaters akzeptiere, aber nichts mit ihr anfangen kann. Wir alle haben uns arrangiert. Meine Eltern können inzwischen wieder miteinander reden, manchmal feiern wir sogar alle zusammen Geburtstag, dann ist es so, als wären einfach ein paar Leute dazugekommen und als wäre niemand gegangen.«

Verena, 19: *»Weil Patchworkkinder immer etwas mitleidig und als Opfer behandelt werden, möchte ich hier mal die positiven Seiten meiner Entwicklung durch die äußeren Bedingungen darstellen. Man kann mir entgegenhalten, dass die Erinnerung immer mit goldenem Faden stickt. Es gab in meiner Entwicklung bis heute wahrlich steinige Passagen. Ich hatte aber das Glück, einen Menschen zu haben, der mich an die Hand nahm und mir das Gefühl gab, mit meinem Schmerz nicht allein zu sein. Es war meine Klavierlehrerin, die nach dem Tod ihrer Mutter und der Wiederverheiratung ihres Vaters zum Patchworkkind wurde und mir wegen ihrer eigenen Erfahrungen wertvolle Unterstützung und viel Verständnis bieten konnte. Sie verstand mich und meine chaotischen Gefühle.*

Heute kann ich rückblickend erkennen, dass die Scheidung meiner Eltern und das Leben als Patchworkfamilie dazu beigetragen haben, dass ich gelernt habe, für mich zu kämpfen, für mich einzustehen, an mich zu glauben und den Blick nach vorne zu richten. Mich mit mir selbst gut zu fühlen und ein Gespür zu entwickeln für das, was in mir ist und was ich bin. Einen engen Kontakt zu mir selbst zu finden und darauf zu achten. Ich weiß nicht, ob ich all das gelernt hätte, wenn ich in dem idyllischen Zuhause und der heilen Welt weiter aufgewachsen wäre, die es bis zu meinem achten Lebensjahr gab.

Heute, mit 19 Jahren, bin ich auf einem guten Weg, finde ich. Ich bin stolz auf das, was ich erreicht habe, und wie ich mit mir selbst umgehe. Neben dem Schmerz wegen der Scheidung meiner Eltern habe ich im Netzwerk meiner Patchworkfamilie erfahren, wie reichhaltig und vielfältig Familienleben sein kann. Ich habe erfahren dass ein ›glückliches Patchworkkind‹ kein Widerspruch ist. Es ist möglich. Ich habe es erlebt.«

Ich denke, wenn ein Patchworkkind zu einer solchen Bewertung kommt, dann können alle Mitglieder der Patchworkfamilie stolz auf sich sein, weil sie zusammen viel geschafft haben.

Zehn Regeln für eine glückliche Patchworkfamilie

Wie anhand vieler Fallbeispiele deutlich geworden ist, spielt auch in Bezug auf die Patchworkfamilie die Erwartungshaltung aller eine große Rolle. Die meisten Zweitfamilien leiden unter zu hohen Erwartungen und stellen zu hohe Ansprüche an die neue Familie. Die Familiengemeinschaft soll möglichst schnell einwandfrei funktionieren, und alle sollen in ihr uneingeschränkt glücklich sein können. Dabei bleibt unberücksichtigt, dass jeder sein Stück Geschichte mit einbringt und dass man nicht gewaltsam eine Gemeinschaft zusammenfügen kann.

Wer sich darauf einstellt, dass anfangs Schwierigkeiten und Anpassungsprobleme auftauchen können, und trotz gelegentlicher Rückschläge viel Durchhaltevermögen beweist, erfüllt eine wesentliche Voraussetzung dafür, dass sich langsam Nähe, Vertrauen und Wohlwollen entwickeln kann und damit ein familiärer Zusammenhalt entsteht. Der Gedanke, dass auch in herkömmlichen Familien Probleme an der Tagesordnung sind, kann zur Gelassenheit beitragen.

Eine Patchworkfamilie kann am ehesten gelingen, wenn ihre Besonderheit täglich und mit viel Einfühlungsvermögen beachtet wird und die neue Familie die Möglichkeit hat, ihre eigene Identität zu entwickeln. Patchworkfamilien müssen nach ihren eigenen Gesetzmäßigkeiten leben dürfen, befreit vom Zwang, so »normal« zu sein wie andere Familien. Sie sollen sich ihrer Andersartigkeit bewusst sein und sich trotzdem respektiert fühlen. Offenheit und Toleranz sind darüber hinaus hilfreiche Eigenschaften zur Überwindung von Stolpersteinen in diesen neu gestalteten Familien.

Gelingen kann eine Patchworkfamilie auch dadurch, dass gemeinsame Anstrengungen zur Entwicklung neuer Gewohnheiten, Traditionen und Verhaltensregeln unternommen werden. Dafür eignen sich, vor allem anfangs, regelmäßige Familienabende, an dem alle zu Wort kommen. Besonders wichtig ist das bei Familien mit Teenagern. Ein Familienabend könnte beispielsweise zu einem Ritual werden, das Zugehörigkeit schafft und die Möglichkeit bietet, einander besser kennen zu lernen. Jeder hat hier die Chance, das einzubringen, was ihm wichtig ist. Es kann beispielsweise besprochen werden, wann die Kinder während der Woche abends zu Hause sein müssen, wie Feiertage oder Weihnachten gefeiert werden sollen, welche gemeinsamen Unternehmungen stattfinden sollen, wohin der nächste Familienurlaub geht, wie Konflikte bereinigt werden und welche Umgangsformen untereinander gelten sollen.

Patchworkeltern, die wissen, dass es für alle Beteiligten eine Herausforderung ist, sich in ein neues System einzufügen, brauchen Geduld und Durchhaltevermögen und lassen allen Zeit zur Neuorientierung. Die Geduld hat dann aber auch ihren Lohn: Was hart erkämpft wurde, betrachtet man als besonders wertvoll. Darüber hinaus entwickeln die Kinder einer solchen Patchworkfamilie durch die wesentlich höhere Zahl für sie wichtiger Bezugspersonen und durch die höhere Familiendynamik eine deutlich höhere Sozialkompetenz.

Kluge Patchworkeltern wissen, dass jede neue Beziehung einen neuen Rahmen braucht. Deshalb ist es für alle Beteiligten günstiger, statt zueinander, in ein neues Umfeld zu ziehen, wodurch der Neuanfang für alle erkennbar wird. Niemand dringt dann in das Territorium eines anderen ein, niemand muss sich als Eindringling fühlen und niemand muss sein Territorium verteidigen.

Wie eine »etwas andere Familie« gut funktionieren kann, das zeigt folgendes Beispiel.

Corinna, 36: *»Mein Mann und ich lernten uns vor vier Jahren via Internet kennen. Er hatte zwei Töchter, ich hatte eine. Seine Töchter sind zwölf Tage bei ihrer Mutter und zwei Tage (Wochenende) bei uns, meine Tochter ist zwölf Tage bei uns und zwei Tage bei ihrem Vater. Wir hatten mit unserer Patchworkfamilie wenige Probleme, weil wir uns auf das Anderssein dieser Familie eingestellt und uns selbst Regeln aufgestellt haben:*

Mein Mann und ich haben mit unseren Kindern ganz selbstverständlich über den neuen Partner in unserem Leben geredet, denn nichts belastet Kinder mehr als Geheimniskrämerei.

Wir haben uns nicht gegeneinander ausspielen lassen. Von Anfang an haben wir miteinander klare Absprachen getroffen und das auch den Kindern gegenüber vertreten. Wir verfolgten stets eine konsequente Linie und waren uns als Eltern immer ganz einig.

Ich habe nie versucht, den Kindern meines Mannes ihre Mutter zu ersetzen. Sie haben schließlich eine. Ich versuche heute noch, ihnen eine Freundin zu sein, und wir fahren gut damit.

Mein Mann hat nie versucht, meiner Tochter ihren Vater zu ersetzen. Im Gegenteil. Zu unserer Patchworkfamilie gehört in gewisser Weise auch mein Exmann, mit dem wir gut befreundet sind. Ganz am Anfang haben die beiden, mein Mann und mein Exmann, sich auf ein Männergespräch in ihre Stammkneipe verzogen und dabei über alles geredet, was ihnen zur Situation Patchworkfamilie in den Sinn kam. Mein Mann ist für meine Tochter ein toller Freund, der mit ihr Englisch macht, Teakwondo trainiert und bei dem sie Hilfe suchen kann, wenn sie es braucht. Er ist einfach auf eine tolle Weise für sie da. Und ihr Vater ist hundertprozentig ihr Vater.

Niemals vor den Kindern den außerhalb der neuen Familie lebenden Elternteil schlecht machen.

Bei Problemen hilft nur: Sich zusammensetzen und miteinander reden.«

Die Erkenntnisse, wie eine optimale Patchworkfamilie entstehen kann, lassen sich in zehn Regeln zusammenfassen:

1. Zeit füreinander haben: Im Stress des Alltags leben viele Familien aneinander vorbei. Doch Geborgenheit und Wärme gedeihen nicht in hektischer Atmosphäre. Schaffen Sie deshalb Freiräume, planen Sie morgens etwas mehr Zeit fürs Frühstück ein und genießen Sie den Beginn des neuen Tages mit den Menschen, die Ihnen am wichtigsten sind.

2. Wir-Gefühl, Identität und Solidarität entwickeln: Gemeinsamkeit macht stark und die wiederum bietet Familien den besten Halt für alle Wechselfälle des Lebens. Entwickeln Sie für Ihre Familie eigene Identifikationsmuster, zum Beispiel: In unserer Familie stehen ehrlicher und respektvoller Umgang und gegenseitiges Unterstützen und Fördern im Vordergrund. Die Folge ist ein starkes Zusammengehörigkeitsgefühl nach außen. Man identifiziert und solidarisiert sich mit den Familienangehörigen.

3. Familienzusammenkünfte: Nähe und Vertrauen können nur wachsen, wenn man sich einander mitteilt, und zwar nicht nur bei Problemfällen. Regelmäßige Familienzusammenkünfte, bei denen alles zur Sprache kommt, sind ein gutes Mittel, um den familiären Zusammenhalt zu fördern.

4. Gegenseitiges Verstehen und Vertrauen: In einer von Wohlwollen geprägten Familie sollte man über alles reden können. Dazu gehört gegenseitiges Verstehen und Vertrauen. Voraussetzung dafür ist, eine Kultur aktiven Zuhörens zu entwickeln. Empathie ist wichtig, um einander zu verstehen und zu vertrauen.

5. Auseinandersetzen lernen: Auseinandersetzungen und Unstimmigkeiten müssen geklärt werden, aber nach Regeln, die für jeden gelten: Konfliktpunkte konkret ansprechen, beim Thema bleiben, nicht ständig in alten Wunden bohren, den anderen ausreden lassen, sich nicht im Ton vergreifen, lieber tief durchatmen, als dazu beizutragen, einen Streit eskalieren zu lassen.

6. *Toleranz beweisen:* Die Familie soll ein Ort sein, an dem jeder, trotz aller Unterschiede und Gegensätze, gleichberechtigt ist und sich frei entfalten kann. Toleranz lernen Kinder von der Vorbildfunktion ihrer Eltern durch ihren Umgang untereinander. Sich gut zu verstehen, wenn man gleicher Meinung ist, ist kein Kunststück. Gerade bei gegensätzlichen Standpunkten beweist sich echte Toleranz, unterschiedliche Ansichten und Vorstellungen zu akzeptieren, Probleme von mehreren Seiten zu betrachten und die beste Lösung zu finden.

7. *Gerechtigkeit bei der Aufgabenverteilung:* Ständige Diskussionen und Konflikte um täglich anfallende Arbeiten und Aufgaben kosten Zeit und Nerven. Weniger Stress gibt es, wenn jeder weiß, was er zu tun hat, wenn die Aufgaben wechseln und jeder einmal dran ist, unangenehme Dinge für die Familie zu übernehmen.

8. *Rituale vermitteln Sicherheit:* Bestimmte feste Abläufe sorgen für ein Gefühl von Sicherheit und Geborgenheit. Dazu gehört neben den Ritualen bei Fest- und Feiertagen eventuell auch das sonntägliche Familienessen, das auf besondere Weise gestaltet wird. An familientypische Gepflogenheiten und Traditionen erinnert man sich ein Leben lang. Sie stärken das Zusammengehörigkeitsgefühl.

9. *Routine vermeiden:* In allen Familien schleicht sich mit der Zeit ein Alltagstrott ein. Als wirksames Mittel gegen Routine sollte jede Familie gelegentliche kleine Highlights setzen, die den gleichförmigen Alltag unterbrechen und Schwung, Stimmung und Lebensfreude vermitteln.

10. *Optimismus und heitere Gelassenheit:* Eine optimistische Haltung gibt jedem Familienmitglied Selbstvertrauen und Gelassenheit. Mit einer guten Portion Humor und Heiterkeit lassen sich Schwierigkeiten eher als Herausforderungen ansehen, die man gemeinsam lösen kann.

7. Die Bedeutung einer »glücklichen Kindheit« für das spätere Leben

Nicht immer gelingt es den Patchworkeltern, dass sich ihre Kinder auf Dauer, das heißt, nach den üblichen Anfangsschwierigkeiten der Patchworkamilie, glücklich fühlen. Welche Auswirkungen haben diese negativen Erfahrungen der Kinder auf ihr späteres Leben? Zu dieser Frage gibt es eine These und eine Antithese:

Nur eine glückliche Kindheit schafft die Voraussetzung für ein späteres glückliches Leben.	Auch ohne eine glückliche Kindheit kann es später zu einem glücklichen Leben kommen.

Lassen Sie uns auf diese beiden Thesen näher eingehen:
Inzwischen ist es unbestritten, dass eine glückliche Kindheit Tiefschläge im Leben besser verkraftbar macht. Dabei sind vor allem die ersten, prägenden Lebensjahre entscheidend.

Das Buch von Gerald Hüther und Cornelia Nitsch »Wie aus Kindern glückliche Erwachsene werden«[27] belegt die Wichtigkeit der ersten Lebensjahre. Gerald Hüther ist einer der bekanntesten Hirnforscher Deutschlands. Seit über zehn Jahren leitet er die Abteilung für neurobiologische Grundlagenforschung an der Universität Göttingen. Die Soziologin Cornelia Nitsch arbeitet als freie Journalistin und Autorin. Thematisch beschäftigt sie sich vor allem mit Themen aus Kindererziehung und -entwicklung. Nach Meinung der beiden Autoren entscheiden die ersten sechs Lebensjahre über die Persönlichkeit eines Kindes. Hüther und Nitsch beschreiben unter anderem, welche Kompetenzen in der kindlichen Entwicklung dafür relevant sind, dass das Kind eine stabile Persönlichkeit entwickelt: Vertrauen, Begeisterungsfähigkeit, Aktivität und Verantwortungsgefühl.

Unsere Kindheit ist eine Lebensphase mit sehr hohen Anpassungsanforderungen. Die kleine Kinderseele ist besonders verletzbar, steigende Trennungs- und Scheidungsraten und wachsende Armutsprobleme erschweren eine unbekümmerte Kindheit zusätzlich. Erstaunlich dabei ist, dass viele Kinder trotz dieser Risiken zu kompetenten, leistungsfähigen und stabilen Persönlichkeiten heranwachsen.

Die moderne Hirnforschung belegt, dass die Erfahrungen der ersten Lebenszeit eines Menschen genauso in uns »eingeschrieben« sind wie beispielsweise Sprache und Gangart. Je besser unsere Bindung zu unseren Eltern war, je förderlicher wir in unseren Entwicklungsphasen unterstützt wurden, desto besser sind wir für die Anforderungen des Lebens gewappnet. Das heißt, dass jeder Mensch aufgefordert ist, alles zu unternehmen, um Kindern zu helfen, mit unverletzter Seele ins Leben zu starten. Wenn wir eine bessere Zukunft haben wollen, müssen wir bei den Kindern beginnen. Wie aber können Eltern Kinder in ein »glückliches Leben« begleiten?

Babys genießen physiologische und psychische Entspannung durch menschliche Wärme. Diese vermittelt sich durch die tröstende Stimme von Mutter oder Vater, aber auch von jedem anderen Menschen. Ebenso genießen sie Liebkosungen, liebevolle Blicke, getragen und gehalten zu werden, und sie fühlen sich bei sanften Bewegungen wohl. Babys sind auf die Feinfühligkeit von Mutter und Vater angewiesen. Babys brauchen immer Hilfe und liebevolle Zuwendung, sie verstehen in den ersten Lebensmonaten nur diese Sprache – und diese Erfahrung schreibt sich bereits in die kleine Seele hinein.

Kinder lernen, was sie erleben. Wenn ein Kind mit Lieblosigkeit aufwachsen muss, lernt es wahrscheinlich, lieblos zu werden. Wenn ein Kind mit Spott erzogen wird, lernt es schüchtern, spottend, verachtend und ängstlich zu sein. Und wenn einem Kind unentwegt gesagt wird:»Schäm dich«, lernt es, sich ein Leben lang für alles und jedes schuldig zu fühlen. Sind Sie dagegen tolerant, lernt Ihr Kind, duldsam zu sein und Vertrauen in sich und andere zu entwickeln. So bekommen Kinder das Gefühl, die Dinge in der Welt beeinflussen zu können, was eine wichtige Voraussetzung für die Lösung von Problemen im späteren Leben ist.

Ermutigen Sie Kinder so oft wie möglich! So lernen sie Zuversicht, und zwar für ihr ganzes Leben. Wenn ein Kind Sicherheit und Nestgefühle erlebt, lernt es, innere Ruhe entstehen zu lassen, Wärme anzunehmen und Wärme weiterzugeben. Solche Kinder entfalten psychische Widerstandsfähigkeit, seelische Robustheit und seelische Elastizität.

Loben Sie, so oft etwas gelungen ist, ausführlich und immer mit einer Begründung, wieso Sie meinen, dass etwas gut gemacht wurde!

Tadeln Sie kurz, gut verständlich und verzeihend, so lernt das Kind Wertschätzung!

Zeigen Sie Fairness, so lernen Kinder, dass es Gerechtigkeit gibt und dass sie auch selbst dazu beitragen können!

Feinfühlige Eltern vermitteln die Erfahrung, dass der Ausdruck von Gefühlen ein sinnvolles und wirksames Signal ist, um Unterstützung zu erlangen.

Am Wichtigsten ist aber, dass Kinder Liebe erfahren. Jedes

Kind sollte spüren, dass es um seiner selbst Willen uneingeschränkt und immer geliebt wird. Wenn ein Kind mit der Bestätigung lebt, dass es wertgeschätzt und geliebt wird, gelingt es ihm besser, falsches Verhalten zu korrigieren. Der richtige Satz lautet sinngemäß:»Dich liebe ich immer, auch wenn ich mich über dich ärgere, du bleibst immer mein geliebtes Kind, aber dein Verhalten musst du ändern.« Dadurch lernt es, sich selbst zu mögen, sich und anderen Fehler zu verzeihen und die wichtige Trennung von Verhalten und der eigenen Person vorzunehmen. So lernen Kinder, Zustimmung zu geben und Freundschaft zu entwickeln, und lernen, ins Leben mitzunehmen, dass es möglich ist, Liebe, Wertschätzung und Anerkennung in der Welt zu finden.

Was aber ist mit jenen Kindern, die *nicht* auf eine glückliche Kindheit zurückblicken können? Werden aus ihnen zwangsläufig unglückliche Erwachsene? Interessant ist, was der finnische Psychiater Ben Furman in seinem Buch mit dem herausfordernden Titel»Es ist nie zu spät, eine glückliche Kindheit zu haben«[28] geschrieben hat: Ben Furman stellt den Mythos infrage, nachdem unser ganzes Leben entscheidend davon abhänge, wie unsere Kindheit verlaufen sei. Er will in seinem Buch deutlich machen, dass niemand ein Opfer seiner Vergangenheit zu sein braucht.

Der Autor hat im Rahmen seiner Recherche zu diesem Buch Menschen interviewt, die eine schwere Kindheit hatten, weil er von ihnen wissen wollte, wie sie es trotzdem geschafft haben, ein glückliches Leben zu führen. In diesem Buch schildert er anhand vieler Fallbeispiele, wie Menschen es geschafft haben, ihre schwere Kindheit als Chance zu verstehen, ohne sie zu verharmlosen! Der Autor zeigt in dem Kapitel»Die vielen Wege, das Leben zu meistern«, wie Menschen sich selbst helfen. In diesem Kapitel werden»schützende Faktoren« beschrieben, die Menschen für sich gefunden haben.

Im Rahmen der Auswertung seiner Recherche stellte Furman fest, dass Kinder erfindungsreich sind und individuelle Methoden entwickeln, um durchzukommen. Die einen suchen sich Ersatzbezugspersonen, zum Beispiel einen Jugendgruppenleiter oder eine Lehrerin. Andere freunden sich mit einem Haustier an oder führen Tagebuch. Auch der Glaube spielt für einige eine ganz wichtige Rolle. »Den Glauben zu finden ist für viele eine regelrechte Rettung«, schreibt Furmann.

Drei Gedanken haben mir besonders gefallen:

- Es ist wichtig Menschen zu helfen, so über ihr Leben nachzudenken, dass sie darauf stolz sein können, wie sie es geschafft haben. Denn sie haben in der Tat für sich sinnvolle Strategien entwickelt. So geschieht auch ein Rollenwechsel: vom hilflosen und abgestempelten Opfer zu einem Menschen, der sich zu helfen wusste.
- »Besser spät als nie!« Der Mensch ist keine Maschine, die in einer bestimmten Reihenfolge programmiert werden muss, um später tadellos funktionieren zu können. Deshalb ist es nie zu spät, neugierig zu sein, Erlebnisse nachzuholen und die Zukunft zu gestalten.
- Das positive Wenn-Denken. Die negative Variante: »Wenn ich diese Kindheit nicht gehabt hätte, wäre ich heute glücklicher!« Die positive Variante: »Wenn meine Kindheit nicht so gewesen wäre, wäre ich heute nicht so willensstark!«

Viele Erwachsene schieben auch noch im vorgerückten Alter die Schuld für ihre Lebensumstände den Eltern zu, die alles falsch gemacht hätten. Sie glauben, die Suppe auslöffeln zu müssen, die ihnen ihre Eltern eingebrockt haben.

»Weil meine Eltern mich nicht genug gefördert haben, hatte ich schlechtere Chancen im Leben, weil meine Eltern sich getrennt haben, verlor ich die Geborgenheit eines intakten Zuhauses und hatte dadurch schlechtere Startbedingungen ins Leben.«

Das ist aber nur die halbe Wahrheit. Je mehr Menschen ihre Lage von der Schuld ihrer Eltern her analysieren, desto tiefer geraten sie in Depression. Wer seinen Blick nur auf seine schlechten Startbedingungen lenkt, lähmt sich und macht sich handlungsunfähig. Statt sich ständig mit der Vergangenheit zu rechtfertigen, die vorbei und damit unabänderlich ist, ist es vorteilhafter, auf Potenziale, Charakter und Fähigkeiten zu schauen und neue Chancen zu suchen.

Wer die Rahmenbedingungen, die ihm durch seine Herkunft gesetzt wurden, als Herausforderung annimmt, kann es schaffen, sein Leben besser zu gestalten. Wichtig allein ist der Wille, etwas aus seinem Leben zu machen.

Die Botschaft lautet:

Niemand ist das Opfer seiner Eltern oder seiner Vergangenheit, jeder kann jederzeit seinem Leben eine andere Richtung geben.

»Gesundheitsexperten konzentrierten sich in der Vergangenheit fast ausschließlich auf die negativen Folgen von traumatischen Erlebnissen, schlimmen Kindheitserfahrungen und zerrütteten Familien. In den letzten zwei Jahrzehnten aber hat sich die Blickrichtung geändert. Immer mehr Studien belegen: Menschen sind keine Marionetten des Schicksals. Viele entwickeln sich positiv – trotz oder gerade wegen widriger Umstände.«[29]

Zunehmend interessieren sich Forscher für jene Menschen, die an seelischen Belastungen nicht zerbrechen, sondern sogar noch daran wachsen und trotz widriger Umstände gedeihen. Ein neuer Zweig der Psychologie – Resilienzforschung – versucht herauszufinden, warum manche Menschen selbst in unglaublich harten Lebenssituationen nicht nur überleben, sondern sogar noch eine positive Lebenseinstellung entwickeln.

Unter Resilienz wird die Fähigkeit verstanden, auf die Anforderungen wechselnder Situationen flexibel zu reagieren und auch stressreiche, frustrierende oder schwierige Lebenssituationen zu meistern und ihnen eine psychische Widerstandskraft entgegenzusetzen.

»Resilienz sollte als unerlässliches Erziehungsziel angesehen werden, welches für alle Kinder anwendbar ist. Resiliente Kinder und Jugendliche sind optimistisch und haben ein hoch entwickeltes Selbstwertgefühl im Gegensatz zum herrschenden Zeitgeist. Wir denken oft, wenn Kinder nicht mit Problemen in Kontakt kommen, ist es gut. Das ist falsch. Fehler bringen junge Menschen weiter und machen sie stark.«[30]

Die Psychologin Emmy Werner von der University of California und ihr Team begleiteten über vier Jahrzehnte hinweg knapp 700 Kinder, die 1955 auf der Hawaii-Insel Kauai zur Welt gekommen waren. Psychologen, Kinderärzte, Krankenschwestern und Sozialarbeiter prüften die Entwicklung im Alter von 1, 2, 10, 18, 32 und 40 Jahren.[31]

210 der Teilnehmer (30 Prozent) wuchsen unter äußerst schwierigen Bedingungen auf. Armut, Krankheit der Eltern, Vernachlässigung, Scheidung, Misshandlungen prägten ihre Kindheit. Diesen Risikokindern galt das Interesse der Wissenschaftler. Wie werden sie sich über die Jahre hinweg entwickeln? Haben sie eine Chance auf ein problemloses Leben?

Für zwei Drittel der belasteten Teilnehmer mussten diese Fragen – zunächst – negativ beantwortet werden. Sie fielen im Alter von 10 und 18 Jahren durch Lern- und Verhaltensprobleme auf, waren mit dem Gesetz in Konflikt geraten oder litten unter psychischen Problemen. Aber ein Drittel der 210 Risikokinder entwickelte sich erstaunlich positiv. Emmy Werners Team konnte zu keinem Zeitpunkt der Untersuchung bei diesem Drittel irgendwelche Verhaltensauffälligkeiten entdecken: Diese Studienteilnehmer waren erfolgreich in der Schule, gründeten eine Familie, waren in das soziale Leben eingebunden und setzten sich realistische Ziele. Im Alter von 40 Jahren war keiner aus dieser Gruppe arbeitslos, niemand war mit dem Gesetz in Konflikt geraten und niemand war auf die Unterstützung von sozialen Einrichtungen angewiesen. Fazit: Die Annahme, dass sich ein Kind aus einer Hochrisikofamilie zwangsläufig zum Versager entwickelt, wird durch diese Langzeitforschung widerlegt.

Wie Emmy Werner feststellte, verfügen benachteiligte Kinder über Schutzfaktoren, die die negativen Auswirkungen widriger Umstände abmildern: Sie finden Halt in einer stabilen emotionalen Beziehung zu Vertrauenspersonen außerhalb der zerrütteten

Familie. Großeltern, Nachbarn, ein Lieblingslehrer, der Pfarrer oder auch Geschwister bieten vernachlässigten oder misshandelten Kindern einen Zufluchtsort und geben ihnen die Bestätigung, etwas wert zu sein. Diese Menschen fungieren als soziale Modelle, die dem Kind zeigen, wie es Probleme konstruktiv lösen kann.

Auch Ben Furman bezieht sich in seinem Buch »Es ist nie zu spät, eine glückliche Kindheit zu haben« auf solche Kinder und die Strategien, die sie entwickelt haben, um in widrigen Umständen nicht nur zu überleben, sondern etwas aus ihrem Leben zu machen. Auch Furman bestätigt, dass traumatische Ereignisse nicht immer zu traumatisierten Menschen führen müssen, die ihr Leben im Schatten verbringen müssen. Natürlich ist es nicht wünschenswert, wenn Kinder in gewalttätigen oder anderweitig schwierigen Verhältnissen aufwachsen. Aber Menschen sind – wie Emmy Werner und Ben Furman herausfanden – erheblich robuster, als bisher angenommen wurde. Erklärbar ist das vielleicht so:

»Die Auseinandersetzung mit den Widrigkeiten des Lebens ist vergleichbar mit einer Expedition auf einem reißenden Fluss. Dort gibt es Stromschnellen, langsames Wasser und Untiefen. Die Bootsfahrer müssen ständig mit Veränderungen rechnen und oftmals blitzschnell darauf reagieren. Sie dürfen nicht den Mut verlieren und auch nicht die Hoffnung, dass sie die Gefahren meistern werden. Dies gelingt ihnen umso besser, je mehr Wissen sie über den Fluss besitzen und je mehr Erfahrung sie in der Vergangenheit mit ähnlichen Situationen sammeln konnten. Auch das Vertrauen in die Menschen, die vielleicht mit im Boot sitzen, ist hilfreich, wenn plötzliche Veränderungen gemeistert werden müssen. Wenn es zu anstrengend wird, kann man kurzzeitig aus dem Boot aussteigen. Will man aber an sein Ziel gelangen, muss man die Fahrt auf dem Fluss zu Ende bringen.«[32]

Es ist nie zu spät für positive Veränderungen, wenn wir selbst zu Akteuren unseres Lebens werden und unser Leben selbst in die Hand nehmen, statt uns treiben zu lassen. Das Leben in die

Hand zu nehmen bedeutet eigentlich nichts anderes, als für sich selbst die Verantwortung zu übernehmen und selbstbestimmt zu leben. Wer eigenverantwortlich denkt und handelt, der fragt sich, was er selbst im Rahmen seiner Möglichkeiten tun kann, um das zu bekommen, was er will. Ein eigenverantwortlicher Mensch stellt die eigenen Möglichkeiten in den Mittelpunkt all seiner Bemühungen und sucht nach Möglichkeiten, wie etwas gehen könnte, statt nach Gründen, warum es nicht geht.

Ein eigenverantwortlicher Mensch sieht sich weder als ein Blatt im Wind noch als Spielball oder Opfer. Er weiß, dass alles, was er tut, Auswirkungen auf sein Leben hat. Ein eigenverantwortlicher Mensch fragt sich niemals, wer Schuld an seiner Situation ist, weil er weiß, dass ihn das nicht weiterbringt. Er sucht nicht nach Schuldigen, sondern er fragt sich:»Was will ich und was kann ich tun, um das zu erreichen?«.

Eigenverantwortliche Menschen sind Menschen, die selten jammern, sondern eher etwas verändern, und wenn sie erkennen, dass es keine Möglichkeiten zur Veränderung gibt, dann akzeptieren sie das und leben damit.

Eigenverantwortliche Menschen glauben nicht, dass sie alles erreichen können, sondern sie kennen ihre Möglichkeiten und Grenzen. Und indem sie etwas dafür tun, was sie wollen, lernen und wachsen sie und verschieben ihre Grenzen immer weiter und vergrößern den Kreis dessen, was für sie möglich ist.

Es gibt viele beeindruckende Beweise dafür, dass selbst eine schwierige Kindheit zu einem gelungenen, erfolgreichen Leben führen kann.

Sabrina, 38: *»Meine Eltern ließen sich scheiden, als ich zehn Jahre alt war. Ich lebte danach mit meiner jüngeren Schwester bei meiner Mutter. Zwei Jahre später verliebte sich meine Mutter in Gerd, und so kam es, dass wir bald mit den beiden Söhnen von Gerd eine Patchworkfamilie wurden. Zuerst war ich gar nicht damit einverstanden und setze subtile Abwehr ein, weil ich etwas aufgezwungen bekam.*

Irgendwann habe ich den Widerstand aufgegeben, weil ich erkannte, dass es besser sei, sich mit der unabänderlichen Situation zu arrangieren, und indem ich die Abwehr aufgab, entdeckte ich sogar positive Seiten an unserer neuen Familie.

Ich habe nun selbst eine Familie und bin trotz des Hintergrundes einer gescheiterten Familie und der Erfahrung mit einer Patchworkfamilie ein glücklicher, zufriedener Mensch. Im Nachhinein glaube ich, dass gerade das Leben in einer so bunten Familie bei mir eine besondere Widerstandskraft ausgebildet hat, mit widrigen Dingen des Lebens gelassener umzugehen.

Ich glaube, dass mich meine Kindheit in einer Patchworkfamilie gelehrt hat, dass man das Leben nicht unbedingt verstehen, sich aber darin irgendwie zurechtfinden muss.«

Anhang

Quellen und Anmerkungen

1 Sieder, Reinhard (2008), Patchworks – das Familienleben getrennter Eltern und ihrer Kinder, Stuttgart: Klett-Cotta, S. 335

2 Zum Sorgerecht: Im gesetzlich geregelten Normalfall behalten die leiblichen Elternteile auch nach einer Scheidung die gemeinsame elterliche Sorge für die Kinder (§ 1626 BGB). *Der Stiefelternteil, der mit den Kindern zusammenlebt, hat keine Erziehungsrechte.* (Siehe dazu unter https://www.elternimnetz.de/cms/paracms.php?site_id=5&page_id=236 nach dem Stand vom 29.01.2009.) Dies ist nicht unproblematisch, da oft gerade Stiefmütter einen großen Teil der Alltagsbetreuung und Sorge übernehmen. Darüber hinaus ergibt sich im Alltag durchaus die Situation, dass der Stiefelternteil Entscheidungen allein für das Stiefkind treffen muss, beispielsweise bei Abwesenheit des leiblichen Elternteils. Hierzu kann der andere leibliche Elternteil dem Stiefelternteil eine Vollmacht ausstellen. (§ 1687 b Abs. 1 BGB)
Bei gemeinsamem Sorgerecht hat die/der neue Lebensgefährte/in auch wenn sie/er schon längst von den Kindern akzeptiert ist und alles bestens verläuft, bei wesentlichen Entscheidungen wie die Genehmigung zu einer Operation oder die Wahl der Schule, keine Entscheidungsgewalt. Hier gilt das *gemeinsame Sorgerecht* der leiblichen Eltern, auch über die Scheidung hinaus.
Doch eingeführt ist mittlerweile das so genannte *kleine Sorgerecht*: In diesem Fall erwirbt der neue Partner oder die neue Partnerin das »kleine Sorgerecht«. Dieses gewährt dem Stiefelternteil seit 2001 gewisse Mitspracherechte in Alltagsfragen und auch die Möglichkeit, das Kind gesetzlich zu vertreten. Dies gilt jedoch nur, wenn das Elternteil mit dem der »Stief« zusammenlebt, allein sorgeberechtigt ist. Ist dies nicht der Fall, müssen Vollmachten helfen, dem Stiefelternteil mehr Rechte im Alltag einzuräumen, zum Beispiel in Schul-, Ausbildungs- oder medizinischen Fragen. Dies ist besonders in solchen Stieffamilien wichtig, in denen der Stiefelternteil im täglichen Leben für die Betreuung der Kinder zuständig ist und an Elternabenden teilnehmen oder das Kind zum Arzt begleiten will. Außerdem erhält der Partner eine Notzuständigkeit in Eilfällen. Das kleine Sorgerecht endet mit dem Getrenntleben der Partner. (Siehe dazu unter: http://www.kidnet.de/detail.php?id=2440&m=0&grid=8 nach dem Stand vom 29.01.2009)

3 Sieder, 2008, a.a.O., 58ff

4 Unter http://www.aktiv-fuer-kinder.de/index.php?id=3394 nach dem Stand vom 29.01.2009

5 »Überrascht waren die Wissenschaftler, dass es trotz unverändert hoher

Scheidungszahlen ... nicht so viele Stieffamilien gibt wie vermutet: Es sind 660 000 von insgesamt 9,5 Millionen Familien in Deutschland. Von 15 Millionen minderjähriger Kinder wachsen 850 000 in einer Familie neuen Typs auf.« Dabei wurden auch nichteheliche Lebensgemeinschaften einbezogen. Unter http://www.kidsgo.de/familie-10/Patchworkfamilien.php nach dem Stand vom 29.01.2009

6 Tatsächlich hat die Anzahl geschiedener Ehen mit minderjährigen Kindern von 1991 (67 142) bis 2003 (107 888) zugenommen. Aber seit 2004 sind die Zahlen wieder rückläufig, und zwar auf 91 700 im Jahr 2007! Vgl. Statistisches Bundesamt Deutschland (2008), Zahl der Ehescheidungen ging im Jahr 2007 um 2 Prozent zurück. Unter http:// www.destatis.de/jetspeed/portal/cms/Sites/destatis/Internet/ DE/.../PD08__317__12631,templateId=renderPrint.psml nach dem Stand vom 29.01.2009

7 Integrierte Mediation e.V. (2005), Fakten – Wie es wirklich um die Familie bestellt ist. Unter http://www.konfliktbehandlung.de/main.php?menu_id=6456&page_id= 847&filter_id=1 nach dem Stand vom 29.01.2009

8 Statistisches Bundesamt Deutschland (2008), Zahl der Ehescheidungen ging im Jahr 2007 um 2 Prozent zurück. Unter http:// www.destatis.de/jetspeed/portal/cms/Sites/destatis/Internet/ DE/.../PD08__317__12631,templateId=renderPrint.psml nach dem Stand vom 29.01.2009

9 Statista.org (2009), Welche Dinge im Leben sind Ihnen außerordentlich wichtig? (Shell Jugendstudie 2006) Unter http://de.statista.org/statistik/diagramm/studie/86217/umfrage/ au%DFerordentlich-wichtige-dinge-im-leben/ nach dem Stand vom 29.01.2009

10 Mary, Michael (2001), 5 Lügen, die Liebe betreffend, Hamburg: Hoffmann und Campe, S. 20 f

11 Sieder, 2008, a.a.O., S.197

12 ebd. S. 159 ff

13 Grossmann, (2006)[4], Bindungen – das Gefüge psychischer Sicherheit, Stuttgart: Klett Cotta

14 Ahnert, Lieselotte (2004), Frühe Bindung – Entstehung und Entwicklung, München: Reinhardt

15 Sieder, 2008, a.a.O., S. 77

16 ebd. S.213

17 ebd. S. 297 ff

18 ebd. S. 287

19 Integrierte Mediation e.V. (2005). Fakten – Wie es wirklich um die Familie bestellt ist. Unter http://www.konfliktbehandlung.de/main.php?menu_id=6456& page_id=847&filter_id=1 nach dem Stand vom 29.01.2009

20 Gordon, Thomas (2008)[29], Die Familienkonferenz, München: Heyne

21 Vgl. Döring, Dorothee (2006), Wodurch wir wurden, was wir sind – Familienprägungen erkennen und verstehen, Stuttgart: Kreuz, S. 160 ff

22 Vgl. Döring, Dorothee (2006), Wodurch wir wurden, was wir sind – Familienprägungen erkennen und verstehen, a. a. O., S. 212 ff

23 Weber, Franz (2002), Rituale als heilsame Lebenszeichen. In: Kirche informiert 4. Unter http://www.uibk.ac.at/theol/leseraum/texte/323.html nach dem Stand vom 29.01.2009

24 Tschöpe-Scheffler, Sigrid (2003)[3] , Fünf Säulen der Erziehung: Wege zu einem entwicklungsfördernden Miteinander von Erwachsenen und Kindern, Mainz: Matthias-Grünewald

25 Unter http://www.focus.de/reisen/urlaubstipps/urlaub-und-beziehung_ aid_130896.html nach dem Stand vom 29.01.2009

26 Unter http://www.elitepartner.de/km/magazin/psychologie/artikel/ trennung-nach-dem-urlaub.html nach dem Stand vom 29.01.2009

27 Hüther, Gerald und Cornelia Nitsch (2008), Wie aus Kindern glückliche Erwachsene werden, Wien: Graefe und Unzer, Klappentext

28 Furman, Ben (2008)[5] , Es ist nie zu spät, eine glückliche Kindheit zu haben, Dortmund: Modernes Lernen

29 Nuber, Ursula (2005), Resilienz: Immun gegen das Schicksal? In: Psychologie heute. Unter http://www.daemon.de/txt/Resilienz-Psychologie-Heute-09-2005.pdf nach dem Stand vom 29.01.2009

30 Unter http://de.wikipedia.org/wiki/Resilienz nach dem Stand vom 29.01.2009

31 Friederichs, Edgar in: Robert Brooks, Sam Goldstein (2007), Das Resilienz-Buch. Wie Eltern ihre Kinder fürs Leben stärken, Stuttgart: Klett-Cotta, S. 16

32 Nuber, Ursula (2005), Resilienz: Immun gegen das Schicksal? a. a. O.

Weiterführende Literatur

Bliersbach, G.: Halbschwestern, Stiefväter und wer sonst noch dazu gehört – entspannt leben in der Patchwork-Familie, Psychosozial Verlag, 2007

DeCollin, F.: Die harmonische Stieffamilie, Logophon Verlag, 2001

Jesper, J.: Was Familien trägt. Werte in Erziehung und Partnerschaft, Beltz Verlag, 2. Aufl. 2009

Largo, R. / Czernin, M.: Glückliche Scheidungskinder – Trennungen und wie Kinder damit fertig werden, Piper Verlag, 6. Aufl. 2008

Sieder, R.: Patchworks – das Familienleben getrennter Eltern und ihrer Kinder, Klett-Cotta, 2008

Adressen

Bundeskonferenz für Erziehungsberatung e.V.
Herrnstr. 53, 90763 Fürth, Tel.: 0011-977141, www.bke.de

Pro Familia
Stresemannallee 3, 60596 Frankfurt/M., Tel.: 069-639002

Diakonisches Werk der Evangelischen Kirche
Stauffenbergstr. 76, 70148 Stuttgart, Tel.: 0711-2159453

Bundesarbeitsgemeinschaft für Ehe-, Familien- und Lebensberatung
Kaiserstr. 163, 53113 Bonn, Tel.: 0228-103231

Selbsthilfeforum
www.selbsthilfe-forum.de

Bundesarbeitsgemeinschaft Selbsthilfegruppe Stieffamilien
Bahnhofstr. 59, 63179 Obertshausen, Tel.: 06104-407970

Bundesarbeitsgemeinschaft Selbsthilfegruppen Stieffamilien
Sulzbacher Str. 15-21, 65812 Bad Soden, Tel.: 06196-641503

Deutsche Arbeitsgemeinschaft für Jugend- und Eheberatung e.V.
Neumarkter Str. 84 C, 81673 München, Tel.: 089-4361091

Evangelische Konferenz für Familien- und Lebensberatung e.V.
Ziegelstr. 30, 10117 Berlin, Tel.: 030-283039-27

Bundesarbeitsgemeinschaft für Familienmediation
Haspelstr. 24, 35037 Marburg, Tel.: 06421-25094-6

Bundes-Arbeitsgemeinschaft für Familienmediation
c/o RA Paul, Eisenacher Str. 1, 10777 Berlin, Tel.: 030-23628266,
Fax: 030-2141757, bafm-mediation@t-online.de

Bundesarbeitsgemeinschaft Selbsthilfegruppen Stieffamilien
www.stieffamilien.de
Hier finden Sie rechtliche Informationen, Adressen für Selbsthilfeorganisationen in über 30 Gruppen und ausführliche Beratung

Patchwork-Familien online
www.blended-family.de
Informative Site für Patchworkfamilien, die sich austauschen möchten

Diplom-Psychologin Katharina Grünewald
Behringstr. 3, 50931 Köln, Tel.: 0221-4230446
www.patchworkfamilien.com

I.S.I.B.
Diplom-Pädagoge Ulrich Fabian
50935 Köln-Sülz, Tel.: 0221-832620, www.isib-koeln.de

Internetadressen

www.stieffamilien.de
www.zweitfamilien.de
www.spao.de
www.ehe-familien-lebensberatung.de

Weitere Hinweise auf Hilfen und Unterstützung für Eltern
siehe auch im Kapitel 4 ab Seite 95